CATALOGUE
DES TABLEAUX PRÉCIEUX
DES ÉCOLES
D'ITALIE, DE FLANDRES, DE HOLLANDE ET DE FRANCE;

Figures & Bustes en marbre, Grouppes & Figures de bronze, Vases, Colonnes & Coupes de marbres & matières rares, de granit; de serpentin, porphyre rouge & noir; riches Meubles & Cabinets de marquetterie de *Boulle*; Porcelaines anciennes & rares du Japon & de la Chine; Tasses, Coupes & Échantillons précieux d'agate Orientale; Pendules, Feux & Bras dorés, Girandoles de grands modèles, Paravents de laque & autres objets, Bagues de pierres gravées, miniature de *Petitot*, &c. &c.

LE TOUT PROVENANT DU CABINET

de feu M. *CHOISEUL-PRASLIN.*

Par A. J. PAILLET, Peintre.

La VENTE en sera faite publiquement en détail, aux plus Offrans & derniers Enchérisseurs, en la manière accoutumée & au comptant, rue de Lille, ci-devant de Bourbon, N° 605, près celle du Bacq, F. S. G., le Lundi 18 Février 1793, & jours suivans de relevée.

Nota. L'exposition publique de tous les Objets de ce Cabinet aura lieu au même endroit que ladite Vente, pendant les matinées des trois jours qui précéderont immédiattement le premier jour de la Vente.

Ce Catalogue se distribue à PARIS,

Chez A. J. PAILLET, Peintre, rue J. J. Rousseau, ci-devant Plâtrière, à la maison de Vente dite hôtel *de Bullion*,
ET
L. F. J. BOILEAU, Huissier-Commissaire-Priseur, rue du Bacq, près celle de l'Université.

M. DCC. XCII.

AVIS.

LES objets adjugés ne ſeront délivrés aux Acquéreurs qu'à ſur & à meſure que le prix en aura été acquitté entre les mains de l'Huiſſier-Priſeur, chargé de la Vente.

AVANT-PROPOS.

Le Cabinet de Tableaux très précieux dont ce Catalogue présente le détail, autant clair & précis que nous avons pu le rendre dans notre sincérité, nous paroît ouvrir à tous ceux dont les facultés leur permettent de s'intéresser au soutien & au progrés des Arts, une carrière brillante & bien facile pour se procurer, par la voie des enchères, tout ce que les plus célèbres Peintres ont produit de plus parfait & de plus marquant, de ces morceaux enfin qu'on admire & qu'on cite depuis longtems comme leurs chef-d'œuvres. Ce fut vers l'année 1750 que M. *de Praslin* (le père de celui dont le décès récent a nécessité la Vente que nous annonçons) prit la résolution de former une Collection qu'il destinoit à devenir un jour une des plus importantes de la Capitale; & en effet, il débuta de manière à laisser entrevoir l'étendue de son plan. Il plaça parmi ses premières acquisitions les deux grandes compositions *de Gerard Dow*, le fameux

Tableau du Colombier de *Ph. Wouwermans*, & celui de l'Embarquement des vivres par *N. Berchem.* C'étoit ainsi qu'il traçoit aux Personnes chargées de l'aider dans ses recherches le chemin qu'il désiroit tenir pour ne recueillir que les morceaux faits pour mériter & captiver l'admiration générale.

Quelques années après & par les effets d'une assiduité soutenue dans ses choix, il parvint à enrichir son Cabinet d'une infinité de ces productions capitales dont les bons Amateurs ne sont ordinairement séparés que par leurs décès, tels que les deux grands Sujets de *Claude le Lorrain*, le Fauconnier de *P. P. Rubens* & autres beaux Portraits de femmes par *le même*, plusieurs Sujets de têtes par *Rembrantz*, & le petit Sujet de la Sainte-Famille par *le même*, la belle Prairie de *P. Potter*, le précieux Intérieur d'*Ad. Ostade*, les beaux Paysages de *Karel du Jardin*, d'*Ad. Vandevelde* & autres, le superbe Groupe de fleurs de *Vanhuysum*, & tant d'autres Pièces rares, qu'il se plaisoit d'acquérir autant pour en conſerver ou en procurer la poſſeſſion à ſon pays que pour en décorer ſon muſæum.

Cet enſemble précieux & recommandable ne paſſa entre les mains de M. de Praſlin ſon fils que pour y être conſervé avec le reſpect qu'il avoit déja l'habitude de porter à ces chef-d'œuvres & aux Arts en général. Il poſſédoit lui-même quelques Tableaux de choix, & différentes autres ſortes de curioſités qu'il ſe plut à réunir au Cabinet de M. ſon père, & ſuivant fidèlement la route qu'il lui avoit ouverte, il ſut encore enrichir ſa Collection de pluſieurs acquiſitions importantes.

C'eſt à la confiance honorable que nous ont témoignée depuis 20 ans MM. de Praſlin, père & fils, & qui nous eſt continuée aujourd'hui par Mme de Praſlin & MM. ſes Fils, que nous devons l'avantage d'être chargés des ſoins de détails néceſſaires pour conduire la Vente de cette riche Collection. Cette confiance, nous l'eſpérons, ſera compenſée par nos efforts & le zèle que nous nous propoſons d'apporter à cette opération; mais pour répondre aux intentions que nous ont exprimées ces mêmes Perſonnes, notre zèle aura principalement pour but & de préférence encore aux intérêts de la Famille, le ſervice du Public qui ſe rendra à nos ſéances de Vente.

Nous indiquerons avec la même ſincérité & la même franchiſe les perfections que nous auront remarquées, comme les doutes que nous pourrons avoir conçus ſur quelques objets. Nous déclarerons avec ſcrupule les défauts & les irrégularités qui ſeront à notre connoiſſance; nous ſervirons avec diſcrétion & fidélité les diverſes commiſſions dont on voudra bien nous charger, & nous oſons eſpérer de nous ſouſtraire à toute eſpèce de reproches tant d'une part que de l'autre.

En ſuivant les diviſions marquées de notre Catalogue, on retrouvera ſous chacun des Titres qni le partagent les diverſes eſpèces de curioſités précieuſes qui forment & qui varient agréablement ce Cabinet, comme Statues & Buſtes en marbre blanc, Grouppes & Figures de bronze, Vaſes, Fuſts de colonnes & Coupes des marbres & des matières les plus rares, Porphyre rouge & noir, Granit, Serpentin, quantité de Meubles riches & précieux du célèbre *Boulle*, Commodes, Pendules, Bureaux & Cabinets du même genre, offrant une belle variété dans leurs formes; Porcelaines anciennes des plus rares qualités du Japon & de la Chine, Taſſes, Coupes & Échantillons précieux d'agate orientale, pluſieurs Girandoles de grand modèle, Pendules, Feux & Bras dorés tant en or mat qu'en or moulu, &c. &c.

Tous ces objets ſeront expoſés & préſentés dans le meilleur état poſſible d'ordre & d'arrangement; ils ſeront vus publiquement pendant les matinées des trois jours qui précéderont immédiattement le premier jour de la Vente; & on délivrera pendant cette expoſition une feuille de diſtribution pour les vacations de Vente.

Les meſures des Tableanx ont été priſes

ſur l'arrazement intérieur des bordures. Les lettres T. B. C. qui ſe trouvent à la fin de chaque article indiquent ceux qui ſont peints ſur *Toile*, ſur *Bois* ou ſur *Cuivre*.

CATALOGUE
DES TABLEAUX PRÉCIEUX
DES TROIS ÉCOLES,

Figures & Bustes de marbre, Grouppes & Figures en Bronze, Vases de marbres rares, Agates, Porcelaines curieuses, beaux Meubles de *Boulle*, Lustres, Girandoles, Pendules & autres objets de grande curiosité, du Cabinet de feu M. Choiseul-Praslin.

TABLEAUX.

ÉCOLE D'ITALIE.

Carlo Dolcé.

N° 1 Sainte Clotilde, femme de Clovis. Cette figure, de grandeur naturelle & d'un caractère vraiment divin, est représentée assise sur une chaise de tapisserie, inclinée sur une table, & lisant dans un grand livre qui repose sur un coussin de velours bleu. Le caractère de l'attention & celui de la pureté d'ame sont admirablement sentis, & rendus dans le contour & les formes gracieuses du profil; des draperies d'étoffes de soie jaune & violette changeantes couvrent avec beaucoup de goût ses épaules, en laissant voir le bras gauche, dont les doigts sont passés dans les feuillets du livre; une couronne d'or & un morceau de draperie forment accessoire sur la droite du sujet. Ce Tableau, d'une exécution soignée, est digne de tous les éloges qu'on accorde aux productions les plus rares & les plus parfaites de la Peinture. Nous ne doutons point que les Connoisseurs ne lui portent toute l'attention qu'il mérite. Haut. 38 pouc. larg. 39. T.

PAR LE MÊME.

2 Un autre Tableau également terminé & du plus beau contour; il représente S. Jean de grandeur naturelle, ajusté d'une belle draperie rouge qui lui couvre une partie du corps. Il tient dans sa main gauche une croix de roseau, tandis que de l'autre il indique la banderole de l'*Agnus Dei*. Ce morceau très-achevé porte un grand caractère, & nous paroît digne de la haute renommée de son Auteur. Les Amateurs doivent encore être prévenus que les ouvrages de Carlo Dolcé sont d'une extrême rareté. Haut. 32 pouc. larg. 25. T.

PAUL VERONESE.

3 Un Tableau offrant le sujet de Vénus qui semble retenir Adonis qui voudroit partir pour la chasse. Ces deux figures, de grandeur naturelle, sont heureusement contrastées de position dans un fond de pay-

ſage ; on y voit encore ſur la droite un Amour qui fait quelques efforts pour retenir un chien. Haut. 46 pouc. larg. 66. T.

LE GUERCHIN.

4 Un buſte de femme coiffée d'un turban & paroiſſant caractériſer une Sibyle ; il eſt vu preſque de face, ayant les épaules couvertes d'une draperie bleue. Ce morceau qui provient d'un Cabinet d'Italie, offre une étude de caractère convenable dans le haut d'une galerie. Nous croyons néceſſaire d'annoncer qu'il nous paroît avoir eſſuyé quelques reſtaurations. Haut. 23 pouc. larg. 19. T.

LE DOMINIQUIN.

5 Deux Tableaux de formes ovales ſur le travers & peints ſur marbre noir ; compoſitions de quatre figures chacune, repréſentant les ſujets d'une élévation & d'un portement de Croix. Les perſonnages qui portent environ ſix pouces de proportion, ſont d'un contour de deſſin auſſi juſte que la touche en eſt précieuſe & ſavante. Les caractères de têtes ſont pleins d'expreſſion & des plus terminées. Nous ne doutons point que ces morceaux d'une extrême rareté obtiennent le ſuffrage des vrais Amateurs. Haut. 8 pouc. larg. 9 p. 6 lignes.

PAR LE MÊME.

6. Un point de vue de payſage, offrant un ſite grave &

impoſant. Toute la partie gauche préſente une maſſe de roche très-élevée, avec des parties d'arbres mêlées de ruines; le premier plan, du même côté, eſt enrichi d'un grouppe de ſix figures caractériſant le ſujet de Laban qui cherche ſes Dieux. Ce Tableau préſente des détails intéreſſans, & un beau ſtyle dans l'enſemble de ſa compoſition. Il provient d'une gallerie célèbre en Italie, dans laquelle il étoit indiqué ſous le nom du Dominiquin; nous laiſſons aux connoiſſeurs le ſoin de vérifier la ſoi due à cette tradition. Haut. 13 p. Larg. 17. C.

ANNIBAL CARRACHE.

7. Une Vue de payſage agreſte & ſévère, dont la partie du milieu eſt occupée par un lac qui tombe en caſcade. Le premier plan eſt enrichi de divers grouppes de perſonnages, dans le coſtume vénitien; les uns dans un bateau donnant une ſerénade, les autres prenant un repas champêtre, à la droite du ſujet. Haut. 24 p. Larg. 36. T.

BARTHELEMY SCHIDONE.

8. La Ste-Vierge repréſentée dans ſa gloire, & couronnée dans le Ciel par J. C. & le Père éternel; dans le haut & dans le bas de cette compoſition, ſont placés des Anges & des Chérubins portés ſur des nuages. Ce morceau paroît avoir tout le caractère & le ton des ouvrages précieux de ce genre & de cette Ecole; on rapporte auſſi qu'il occupoit une place diſtinguée dans une célèbre gallerie italienne. Haut. 16 p. & demi. Larg. 13 p. & demi. B.

ROMANELLI.

9. Un grand Tableau d'une composition marquante & capitale; il représente l'embrâsement de la ville de Troyes. On voit sur le 1er plan le grouppe du pieux Enée portant son père Anchise & tenant par la main le jeune Ascagne, son fils; il est suivi de sa femme Créüse ayant le caractère de l'effroi. Sur un plan éloigné, à la gauche, on distingue des grouppes de Soldats renversés, tandis que d'autres prennent la fuite. Ce morceau brillant & d'un beau style de dessin, est aussi d'une touche achevée, qui cependant ne lui ôte rien du grand caractère convenable au genre de l'Histoire. Haut. 5 pieds. Larg. 6 pieds 2 p. T.

VALERIO CASTELLI.

10. Un Tableau capital de ce Maître, représentant le frappement du rocher. Cette composition grande & extraordinairement riche, produit l'effet le plus imposant. On y compte quatorze figures, toutes de proportion naturelle, dans les positions les plus gracieuses, & formant différens grouppes parfaitement variés; la couleur en est claire & brillante par-tout, comme s'il étoit un ouvrage moderne, & nous croyons que ce morceau peut occuper facilement une première place dans les galeries les plus célèbres; il provient de la belle collection du Ch[er] *Pagge*, Anglois, qui n'étoit parvenu à se le procurer en Italie que moyennant une somme très-considérable. Haut. 6 pieds. Larg. 7 pieds 10 p. T.

SALVATOR ROSA.

11. Une Vue de Paysage & Rochers qui se trouvent traversés par la mer Le premier plan offre un rivage pierreux & de grandes roches qui se détachent en brun sur un beau ciel de l'Italie. Parmi les figures dont ce morceau admirable est enrichi, on en distingue deux largement drapées, qui semblent disserter sur l'étendue de ce point de vue & des monumens qu'elles considèrent. C'est l'entretien que ces personnages paroissent avoir ensemble, qui a fait donner à ce sublime Tableau le titre des *Augures*. On ne sauroit rien citer de plus fin de touche, de plus parfait, ni de plus argentin de ce savant paysagiste. Sa forme est un oval irrégulier sur le travers. Haut. 22 p. Larg. 40 p. T.

PAR LE MÊME.

12 Un autre Tableau offrant un site de paysage dans le genre du précédent. Il est orné de diverses figures, dont trois soldats cuirassés qui causent ensemble. Malgré la facilité avec laquelle ce morceau est touché, il s'en faut de beaucoup que nous osions, sous toutes sortes de rapports, le comparer au Tableau capital des Augures. Haut. 19 p. larg. 17. B.

LE BOURGUIGNON.

13 Un Défilé de Cavalerie paroissant sortir d'une ville; cette composition de caractère offre au premier plan sur la droite une multitude de personnages, de tous les

grades militaires & sous les différens costumes de l'armée ; le fond à droite présente une vaste plaine couverte par le reste d'une armée nombreuse qui paroît avoir engagé le combat. Ce Tableau, d'une grande distinction parmi les ouvrages nombreux de cet Artiste célèbre pour le genre des batailles, est peint avec toute la force & l'énergie qui conviennent à ce sujet. Haut. 27 p. larg. 50. T.

CARLO-MARATTI.

14 Un Sujet de la Ste-Famille, figures de proportion, de petite nature. On y voit la Vierge tenant l'Enfant-Jésus debout devant elle, & présenté de face ; à la gauche de la composition est le petit St-Jean prosterné, & sur la droite St-Joseph en adoration. Ce Tableau, plein de graces dans l'exécution, & d'un bel empâtement de couleurs, provient de la collection précieuse de M. de la Live. Haut. 23 pouc. larg. 17. T.

EMOLI, *Elève de C. Maratti.*

15 Le Sujet de la Crèche. Cette composition, heureusement variée par les différens personnages, tient entièrement de la belle manière de Carlo-Maratti. Haut. 23 p. larg. 33. T.

BARTHELEMI MURILL'OS.

16 St-Jean, représenté sous la forme d'un enfant, de proportion naturelle, assis dans un paysage & caress-

ſant ſon mouton de la main droite, tandis que de l'autre il tient une croix. Nous penſons que ce Tablableau, auſſi rare qu'il eſt parfait de coloris & de touche, provient du précieux cabinet de feu M. de Gagny. Haut. 22 p. larg. 17 p. B.

Ecole des CARRACHES.

17 Un Tableau du plus grand ſtyle par ſon exécution ſavante. Il repréſente le Chriſt mort, environné par les Stes. Femmes & Joſeph d'Arimathie. Ces figures, toutes de grandeur naturelle, ſont caractériſées avec force ; & ce Tableau nous préſente un des morceaux de diſtinction de l'Ecole d'Italie. Les connoiſſeurs ſeront à portée de lui attribuer le véritable nom de ſon auteur. Haut. 54 p. larg. 71. T.

LOCATELLI.

18 La Vue d'un lac & de diverſes perſpectives de rochers offrant un ſite italien. La partie droite préſente une arcade taillée dans le roc, au-devant de laquelle ſont diſtribuées pluſieurs figures de baigneurs & autres occupées de la pêche. Haut. 26 p. larg. 44. T.

GOFREDI.

19 Deux petits Tableaux, très-fins de touche, offrant des points de vue du payſage d'Italie, avec fabriques & figures. Dans l'un on remarque une femme qui pouſſe une brouette, dans l'autre des gens qui ſe diſpoſent à ſe baigner. Haut. 8 p. larg. 11. B.

SERVANDONI.

20 Une Compoſition de différens monumens d'architecture en ruines exécutés avec beaucoup de goût dans le ſtyle de *Panini*. Parmi les différentes figures qui ornent ce premier plan on remarque un Philoſophe bien drapé qui converſe avec des ſoldats & une femme. Haut. 26 p. larg. 33. T.

ROSA ALBA.

21 Le Portrait de cette célèbre Artiſte peint par elle-même. Elle eſt repréſentée de trois quarts, coëffée de cheveux blonds, tenant une colombe ſur ſon ſein. Nous regardons ce morceau comme une des Etudes de la première manière de la *Roſa Alba*, qui a fini par s'en tenir au genre du Paſtel, dans lequel elle a excellé. Haut. 26 p. Larg. 20. T.

PAR LA MÊME.

22 Le Buſte d'une belle femme, repréſentée de face, la poitrine découverte, tenant dans ſa main droite un papier de muſique; elle eſt coëffée de cheveux bruns naturellement bouclés, dans leſquels ſont ajuſtées quelques fleurs. Ce beau morceau, peint au paſtel, offre une des productions diſtinguées de cette grande Artiſte & de ſon meilleur tems. Haut. 17 p. Larg. 13. Sous glace.

PAR LA MÊME.

23 Deux autres Bustes offrant encore de belles Etudes, au pastel, par cette Artiste. L'un représente une jolie femme dans un costume galant pour le bal ; l'autre un jeune homme coeffé de cheveux blonds naturellement bouclés. Haut. 13 p. 6 lig. Larg. 10 p. 6 lig.

ECOLES FLAMANDE ET HOLLANDOISE.

J. JORDAENS.

24 Une composition des plus expressives ; offrant le sujet d'un festin de famille pour célébrer le Roi de la Fève. On y compte douze figures de grandeur naturelle, hommes, femmes & enfans ; le principal personnage assis à table, dans le milieu de la composition, présente un vieillard, d'une fraîcheur de carnation admirable, & ajusté de la couronne attribuée à cette fête ; il tient un grand verre de la main gauche pour le porter à sa bouche. L'Artiste a saisi le moment où tous les convives portent à ce personnage une santé bruyante ; tout dans cet admirable Tableau est en action & en mouvement. La couleur la plus brillante & la plus vigoureuse s'accorde avec une touche large, facile & en même-tems soignée. Il est gravé, & provient de la magnifique collection de Randon

de Boiffet : N° 42 de fon Catalogue. Haut. 57 p , larg. 6 pieds & demi. T.

Ant. Van Dick.

25 Une Figure d'homme repréfentée de face, & à-mi corps, tenant une mufette. Il a la tête couverte d'un chapeau gris rabattu, & le corps habillé d'une large vefte rouge, dont une manche, en partie retrouffée laiffe voir le poignet de fa chemife. Ce morceau très-terminé dans toutes fes parties, nous préfente une des productions de caractère de ce grand Artifte; la tête, d'une expreffion riante, eft auffi vraie que la nature, & les deux mains préfentent encore un chef-d'œuvre d'exécution. Il provient de la célèbre Collection du feu Prince de Conty. N° 274. Haut. 3 pieds 1 p., larg. 2 pieds 7 p. T.

Par le même.

26 Un autre Tableau auffi d'un grand caractère de vérité, repréfentant un perfonnage vue jufqu'aux genoux dans un habillement noir, relevé d'un collet & manchettes de batifte, portant fa main droite fur un beau levrier dont il eft accompagné, & l'autre fur la garde de fon épée. Ce morceau, artiftement touché, préfente encore une des belles études de ce grand Colorifte. La tête & les mains font admirablement achevés, d'un deffin bien prononcé, Haut. 42 p., larg. 36. T.

PAR LE MÊME.

27 Un autre Tableau également remarquable par la force de la couleur & la grande vérité de la nature; il représente un portrait d'homme, vu à mi corps, la tête tournée de trois quarts & découverte, avec une barbe courte & des moustaches; un large manteau noir dont ce personnage est drapé laisse voir une belle main dont le dessin est aussi savant que le coloris en est naturel. Haut. 26 p., larg. 20 p. T.

P. P. RUBENS.

28 Une belle Figure d'homme vue jusqu'aux genoux, le visage tourné de trois quarts & vêtue d'une large veste noire fourée, sur laquelle se détache un collet de batiste. Il a la tête couverte d'un chapeau rabattu, & tient sur son poing droit un oiseau de proie, ce qui l'a fait désigner dans la vie de Rubens sous le titre *du Fauconnier;* un Paysage de la plus admirable intelligence sert de fond à ce tableau, très-recommandable par la perfection du coloris, & sa touche aussi légère que savante. Haut. 51 p., larg. 39 p. B.

PAR LE MÊME.

29 Un Portrait de la plus haute perfection, tant par son exécution précieuse que par sa grande fraîcheur de carnation; il représente le Buste d'une Dame de Boonen, d'une famille très renommée dans Bruxelles. Elle est représentée le visage tourné de trois quarts, & coëffée de cheveux blonds, relevés d'une toque

enrichie de perles & de pierreries. Son habillement, de ſtyle Eſpagnol en ſoie noire, eſt artiſtement varié de plis & de nuances, avec quelques broderies; de ſa main droite elle ſoutient des chaînes d'or ajuſtées en guirlandes, & qui contribuent à former une parure auſſi riche que diſtinguée. Cette tête vraiment ſublime eſt tirée tout en clair ſur un fond de draperie rouge, ſacrifiée avec le plus grand art. Rubens a pu peindre de plus belles femmes que Mme de Boonen, mais il n'a rien fait de plus gracieux & de plus parfait; c'eſt obliger les bons Amateurs que de leur recommander ce chef-d'œuvre. Haut. 23 pouc. larg. 17. B.

PAR LE MÊME.

30 Le Portrait d'une des femmes de Rubens, repréſenté pour ſervir d'étude à un ſujet hiſtorique. Il eſt vu de trois quarts. La tête un peu inclinée, le corps vêtu d'une tunique de velours bleu, avec un corſage en argent, broderie d'or. Ce morceau, d'un bel empâtement de couleurs, peut faire ſuite parmi les beaux portraits connus de ce Maître. Haut. 25 p. larg. 19. B.

PAR LE MÊME.

31 Le Buſte d'une jeune femme, dont le viſage eſt tourné de trois quarts & du contour le plus gracieux. Elle eſt coëffée de cheveux blonds & ajuſtée d'une toque garnie de plumes & de pierreries, portant au col un rang de perles qui ſe détache ſur ſa poitrine, que l'on voit entièrement à découvert. Un corſet

rougeâtre à grandes mouches forme son habillement. Cette belle personne est considérée comme l'une des trois femmes qu'a eues le célèbre Rubens. Nous prévenons que ce Tableau, d'un effet admirable à une certaine distance d'élévation, a souffert quelques réparations visibles à l'examen. Haut. 24 p. larg. 19. T.

PAR LE MÊME.

32 Le portrait de P. P. Rubens; la tête tournée de trois quarts est couverte d'un grand chapeau rabattu, pittoresquement placé sur l'oreille gauche, pour découvrir davantage la carnation brillante du visage; une draperie noire, dont il a les épaules couvertes, sert à relever la richesse d'une veste en or & du cordon de l'ordre qu'il avoit reçu à la suite de ses ambassades. On assure que ce tableau, qui sort d'une des premières maisons d'Italie, y avoit été envoyé par cet artiste, par reconnoissance, comme une chose qu'il s'étoit plu à terminer d'avantage. Haut. 26 p. larg. 21. T.

Suite de RUBENS.

33 Un tableau soigneusement terminé, représentant Suzanne au bain surprise par les Vieillards. Un fond de paysage contribue à l'ensemble le plus intéressant, & présente l'une des compositions marquantes de Rubens. Comme le nom du célèbre *Rubens* a déjà été quelquefois contesté à ce morceau, vraiment recommandable sous d'autres rapports, nous laissons aux acheteurs à prononcer à leur gré, c'est sans

conséquence qu'on le trouve ici à la suite des productions de cet artiste. Haut. 14 p. larg. 18. B.

PAR LE MÊME.

34 Un petit Tableau à l'effet du clair de lune ; il représente une arcade sous laquelle passe un paysan qui conduit une vache à la lueur d'un flambeau qu'il tient dans sa main droite. Dans l'éloignement on distingue du paysage & quelques personnages autour d'un feu. Ce morceau curieux & d'un fini extraordinaire a la manière large de Rubens, sembleroit une imitation très-proche du style *d'Adam Elsheimer.* Haut. 6 p. L. 5. B.

REMBRANTZ.

35 Un Portrait d'homme vu presque à mi-corps, la tête tournée de trois quarts & portant des moustaches; il est coëffé de cheveux châtains & d'un grand chapeau rabattu ; son habillement est un manteau noir sur lequel se détache un large collet de dentelle. Ce morceau porte un caractère de vérité si frappant, que l'illusion de la réalité s'opère en le regardant. On croiroit véritablement, tant les tons sont justes & harmonieux, considérer un être animé ; le grand art seul de la couleur peut nous tromper à ce point, & nous devons avouer qu'à cet égard *Rembrantz* est parvenu à ne jamais craindre de rivaux. Haut. 30 p. Larg. 24. B.

PAR LE MÊME.

36 Le Buste d'une belle Juive; elle est représentée presque de face, la poitrine découverte & ajustée d'un collier de perles; sur sa coëffure en beaux cheveux bruns se détaché une petite toque enrichie de pierreries; un corset en tissu d'or forme opposition avec une draperie de velours pourpre, dont ses épaules sont couvertes, & une chaîne d'or qu'elle soutient de sa main droite ajoute à la richesse de sa parure. Ce morceau, de la plus haute qualité parmi les nombreux Portraits de Rembrantz, est de ce bel empâtement & de cette heureuse harmonie de couleurs qu'admirent & recherchent avec empressement les habiles Connoisseurs. Haut. 24 p. Larg. 18. B.

PAR LE MÊME.

37 Un autre Tableau de la même perfection, & tourné en opposition du précédent, il représente un Buste d'homme plein de caractère, portant une épaisse chevelure noire, ajusté d'une espèce de cuirasse & décoré d'une chaîne d'or. Haut. 24 p. Larg. 19. B.

PAR LE MÊME.

38 Deux Tableaux de forme ovale; l'un représente le Portrait de *Rembrantz*, vu presque de face & coëffé d'une toque rougeâtre; l'autre est le Portrait d'une de ses filles, tournée de face & coëffée d'une toque de velours noir, mêlée de quelques broderies; un collier

de

de perles ajuste son col, & ses épaules sont couvertes d'une draperie noire. Ces deux morceaux, d'un bon empâtement de couleur, produisent un grand effet, & doivent offrir un rapprochement précieux pour les Amateurs. Haut. 24 p. Larg. 18 p. B.

PAR LE MÊME.

39 Un autre Portrait de la forme des précédens, représentant une belle femme juive, pittoresquement ajustée vue de trois quarts & coëffée en cheveux ornés de plumes, un collier de perles relève encore sa parure, & une agraffe d'or soutient ses habillemens sur sa poitrine. Ce morceau de caractère est aussi d'un excellent choix parmi les Portraits nombreux de ce grand Coloriste. Haut. 23 p. Larg. 18 p. B.

PAR LE MÊME.

40 Un autre superbe Portrait de ce Peintre; il représente le buste d'un vieillard vu de face, ayant la tête couverte d'une toque noire; les cheveux & la barbe blancs; son habillement noirâtre est relevé de boutons & boutonnières brodés en or : c'est une des plus claires & des plus savantes Etudes de *Rembrantz*. Ce morceau est encore un des plus précieux que l'on puisse rencontrer, autant pour l'avantage de posséder un ouvrage parfait, que sous le rapport des utiles leçons qu'il peut fournir aux jeunes Artistes, pour les guider dans l'intelligence des formes & l'emploi des couleurs. Haut. 23 p. Larg. 18. B.

PAR LE MÊME.

41 Le sujet de la Sainte Famille, représenté dans l'intérieur d'une chambre basse, tirant sa lumière d'une croisée placée à droite, & par laquelle on découvre la campagne. Dans le milieu du tableau se voit la Sainte Vierge allaitant son enfant, qui est entièrement nud, étendu sur son lange. La figure de Sainte Anne, vue dans la demi-teinte, ainsi que la tête de la Vierge, forment un contraste heureux de ton pour laisser porter tout le foyer de lumière sur l'enfant. Derrière ce grouppe merveilleux, pour l'harmonie & l'expression, on voit Saint Joseph par le dos, & vêtu d'une chemise dont les manches sont retroussées jusqu'aux coudes, travaillant de son état de Charpentier. La partie gauche est occupée par une grande cheminée, dont le feu, contrastant avec un reflet vigoureux de soleil, porté sur le plancher, produit le plus grand effet; dans le fond de la chambre on apperçoit un lit sacrifié dans l'ombre, & quelques ustensiles de ménage. Ce tableau, étonnant pour son exécution, & magique dans l'intelligence du clair obscur comme dans la force & la richesse de la couleur, est encore un de ces chef-d'œuvres, peut-être unique dans les morceaux de chevalet de ce grand Coloriste. Voyez tous les Auteurs qui en font mention; il provient du célèbre Cabinet de M. Gaignat, N° 19, de son Catalogue. Haut. 15 p. Larg. 13 p. 6 lig. B.

PAR LE MÊME.

42 Saint Pierre représenté à genoux & les mains jointes

dans un intérieur de prison. La tête de cet Apôtre, vue presque de trois quarts, avec des cheveux blancs & une longue barbe, porte l'expression d'un repentir sincère, & toute la figure est dans un abattement de consternation qui caractérise parfaitement le sujet. Ce tableau, d'un fini admirable, est aussi d'une intelligence & d'une harmonie de couleur parfaite. Haut. 21 p. 6 lig. Larg. 17 p. 6 lig. B.

PAR LE MÊME.

43 Une Paysanne de Nord Hollande, tenant dans ses bras son enfant qui est endormi. Cette figure, vue à mi-corps, a le visage tourné de profil & entièrement en demi-teinte, qui se détache sur un fond clair & jaunâtre. Ce petit morceau, très-vigoureux de couleur, tient aussi beaucoup aux ouvrages de *Arnould de Guelder*. Haut. 9 p. Larg. 7 p. 6 lig. B.

GERBRANTZ VAN ECKOULT.

44 Un Portrait d'homme vu de trois quarts, coëffé d'un chapeau rond & portant une petite barbe roussâtre avec des moustaches. Ce personnage représenté jusqu'à mi-corps à une grande croisée ceintrée, est vêtu d'un habillement noir & ajusté d'une fraise de mousseline à plusieurs rangs de plis ; sa main droite, étudiée avec le soin le plus admirable & le plus vrai, est posée sur un appui de pierre. Nous ne doutons pas que ce morceau ne frappe les Connoisseurs, tant par sa belle exécution que par son extrême vérité. Hauteur 27 p. Larg. 21 p. B.

D. TENIERS.

45 Un Tableau de la plus riche ordonnance, offrant le sujet d'une kermesse ou fête flamande ; on y pourroit compter plus de quatre cents figures formant différens grouppes, & toutes variées d'attitudes. A la droite, & près d'une maison de cabaret qui se distingue par l'étendart couleur de rose, emblême de la gaieté, on voit une table servie & entourée d'une quantité de personnages de tous les âges & des deux sexes, qui semblent ne respirer que la joie, tandis que sur le premier plan des cuisiniers sont occupés à faire cuire des viandes, d'autres à tirer le vin des tonneaux, & que près du cabaret sont deux musiciens qui se disposent à égayer les convives. On remarque aussi au second plan plusieurs grouppes de paysans formant des danses villageoises & naturelles au son d'une musette. La partie du paysage, qui sert de fond à ce morceau admirable & plaisant, se détache légèrement sur un ciel argentin. Toute description est insuffisante pour rendre un compte exact de la variété des compositions de ce Peintre de la Nature. Nous renvoyons les Amateurs au plaisir d'en juger par eux-mêmes, & de consulter les gravures qui ont été faites de ce Tableau & du suivant, par *Phil. Lebas.* Haut. 20 p. Larg. 29 p. T.

PAR LE MÊME.

46 Un autre Tableau, également capital par sa com-

position & aussi nombreux en figures ; il représente pareillement une Fète Villageoise dans un site agréable de la Flandre ; le premier plan est entièrement couvert de personnages des deux sexes, les uns en famille autour de différentes tables, d'autres qui dansent ; en second plan, & sous un bel arbre, on remarque un vieillard & sa femme, qui semblent s'entretenir de cette fête agréable & naturelle ; près de ces deux personnages est encore un joueur de musette, & plus loin, le Maître de l'Auberge, en veste rouge, & que l'on distingue par son tablier dans le nombre des Paysans dont il est environné. Toutes les idées plaisantes & vraies ont été prodiguées par l'inimitable Teniers dans ces deux Tableaux capitaux & amusans ; ils ont, outre les avantages d'une touche très-spirituelle & du ton de couleur le plus fin, celui d'être parfaitement conservés. Haut. 20 pouc. larg. 29. T.

PAR LE MÊME.

47 Deux petits Tableaux de la première finesse dans leurs différens effets. L'un représente un déjeûné de six Paysans autour d'une table & près d'une chaumière quarrée ; dans le milieu de la composition & sur le premier plan à droite, on voit un Valet d'auberge qui tient un plat. Le fond de ce morceau admirable est terminé par un point de vue de paysage, éclairé par les reflets d'un arc en ciel qui passe au-dessus d'une baraque de planches ; l'autre Tableau, aussi extraordinaire en qualité, représente des Paysans qui

s'amusent à jouer aux quilles sur un beau terrain de ton clair qui occupe le premier plan. Quatre de ces figures naturelles dans leurs attitudes sont grouppées sur la droite & dans l'expression de juger les coups, tandis que le cinquième personnage va jetter la boulle ; une chaumière placée à la gauche du sujet laisse entrevoir une Paysanne dans l'ambrâsure d'une porte ; un fond de paysage, touché avec la plus admirable intelligence, se détache sur un ciel brillant & argentin. Nous croyons qu'il seroit difficile de présenter des ouvrages plus parfaits de *David Teniers*. Haut. 9 p. larg. 13. B.

PAR LE MÊME.

48 Le Point de vue intéressant & agréable d'une guinguette flamande, dans un paysage de ton clair & argentin. La partie droite du sujet présente une grande maison quarrée, couverte de chaume, & entourée de quelques arbres légèrement feuillés ; de ce même côté on compte environ trente figures de Paysans, hommes & femmes, les uns occupés à prendre une collation, d'autres qui s'amusent à danser ; on distingue encore sur le premier plan deux personnages, dont un Valet de Cabaret qui tient une petite cruche de chaque main, & semble se diriger vers deux tonneaux qui sont sur des chantiers. Dans l'éloignement à gauche on apperçoit une maison de campagne, au pied de laquelle passe un canal. Ce morceau, naturel dans tous les détails de son exécution, est aussi de la bonne touche de *David Teniers* Nous le croyons

gravé sous le titre de *la petite Guinguette flamande.* Haut. 19 p. larg. 22. T.

PAR LE MÊME.

49 Un Intérieur de chambre rustique, dans laquelle on voit une vieille femme assise près d'une table, versant de la liqueur à un mendiant manchot, qui est également assis, & lui présente une pièce de monnoie; près de ce dernier sont deux chiens, dont un barbet d'une vérité qui fait illusion. On voit encore une Servante dans l'embrâsure d'une porte, & dans le haut, par une fenêtre, un Paysan jaloux qui semble épier la conduite de ce grouppe. Sur la gauche du sujet & en second plan, le Peintre a placé un Chymiste occupé à son fourneau, & pour accessoires différens ustensiles de son art. Ce Tableau, d'une touche ferme & hardie, est encore une des preuves non équivoques du talent merveilleux de son Auteur, comme de son énergie dans tous les sujets qu'il a imaginé de rendre. Haut. 17 p. larg. 24. B.

PAR LE MÊME.

50 Un Grouppe de trois figures dans un Paysage de ton clair & argentin. Sur un tertre heureusement disposé on voit une jeune Villageoise ajustée d'un corset bleu, d'une jupe de soie jaune, & coëffée d'un chapeau de paille garni de plumes, ayant à ses pieds un jeune Berger qui se dispose à jouer de la cornemuse. En opposition de ces deux figures gracieuses est placé

un vieux Payſan, qui ſemble vouloir diriger la jeune femme qui tient un flageolet, dont elle voudroit accompagner ſon ami. Ce ſujet aimable a été répété pluſieurs fois par D. Teniers avec un égal ſuccès; Nous le croyons gravé ſous le titre du *Concert champêtre*. Haut. 9 p. 6 lig. larg. 7. C.

PAR LE MÊME.

51 Un Tableau offrant une vue de payſage. Le premier plan préſente un terrain ſablonneux & élevé, où ſe voit un Pâtre qui garde ſon troupeau. Cette figure, d'une vérité frappante de touche & de caractère, eſt vue de face, coëffée d'un chapeau rond, & appuyée ſur ſon bâton. Près de lui eſt ſon chien, tournant la tête pour regarder ſon Maître. Le fond de ce morceau, d'un ton gris argentin, eſt terminé par le point de vue d'un joli hameau, bordé par un lac. Haut. 29 p. larg. 30. T

PAR LE MÊME.

52 Un Portrait d'Artiſte, vu en pied & de face dans le milieu d'un payſage; il eſt ajuſté d'un habillement noir, tenant ſon chapeau de la main droite & ſes gands de l'autre. Ce morceau porte, ainſi que tous les ouvrages de D. Teniers, un caractère de vérité toujours d'accord avec une touche infiniment ſpirituelle. Haut. 12 p. 6 lig. larg. 9. C.

Pastiches de D. TENIERS.

52 Un tableau pastiche de ce Maître dans le style du *Titien*; il représente une jeune femme, coëffée d'une toque ornée de plumes de diverses couleurs; elle est vue de trois quarts vêtue à la Romaine, & assise sur un fauteuil de velours cramoisi; elle a les deux mains appuyées sur une table, & tient dans la droite une branche de lys, qui semble indiquer un emblême. Dans le fond sur la droite de la composition, est une figure de Nègre. Haut. 13 pouc. larg. 17. T.

PAR LE MÊME.

54 Achille à la Cour de Licomède, entouré de plusieurs femmes, & choisissant une épée parmi les divers bijoux qui lui sont présentés. Cette scène intéressante se passe au-dehors d'un palais de riche architecture construit en marbre. On remarque dans la partie droite Ulysse sous les habillemens d'un Marchand, & accompagné d'un autre personnage & d'un Nègre. Cette composition, dans laquelle on compte douze figures différentes, présente un des ouvrages pastiches de *David Teniers* le plus marquant, & qui indique qu'il a pu tout oser dans son art, puisqu'il a composé ce morceau à l'imitation de P. P. Rubens dont il cherchoit à contrefaire & les compositions & le style. Haut. 32 pouc. larg. 43. T.

PAR LE MÊME.

55 Un petit tableau de la grandeur d'une carte, offrant

le sujet de la décolation de S. Jean. Cette composition de six figures est aussi dans le style de *P. P. Rubens*. Haut. 2 pouc. 6 lignes, larg. 3 p. 6 l. B.

PAR LE MÊME.

56 Un autre Tableau pastiche très-curieux de D. Teniers, dans le style & la manière de *Breughel de Velours*; il représente un port de mer, formant un marché au poisson sur le rivage; il est orné d'une grande quantité de figures artistement grouppées pour le sujet, & dont la touche spirituelle tient parfaitement de la manière de ces deux Maîtres. Haut. 9 pouc. larg. 11. C.

ADRIEN VAN OSTADE.

57 L'intérieur d'une Chambre rustique & pittoresque, dans laquelle on voit une famille de Paysans, au nombre de six personnages, qui viennent de prendre un repas frugal. Dans le milieu du sujet où se trouve placé le grouppe principal, on remarque un bon père de famille, assis & appuyé sur une table, considérant avec un naturel admirable une mère qui amuse un petit enfant, dont le geste fait connoître qu'il désire une poivrière de bois qu'elle tient dans sa main droite; entre ces deux figures est encore placé un Paysan qui tient sa pipe, partageant l'intérêt de cette scène, dont l'illusion de vérité est portée au plus haut degré de perfection; la partie droite est occupée par une grande croisée, divisée en quatre

parties, dont la lumière se distribue sur tous les objets; de ce même côté un jeune Garçon, coëffé d'un bonnet de laine, regarde son petit frère qui joue avec un chien. Un dévidoire, un berceau d'osier, servent de richesses pour orner le premier plan, divers ustensiles de ménage sont distribués sans confusion & avec intelligence. Le nombre de morceaux du meilleur choix qui se trouve dans cette collection nous force à des répétitions nécessaires pour faire remarquer les articles capitaux & dont celui-ci fait partie. L'harmonie du clair obscur & la dégradation des teintes s'unissent admirablement avec une touche achevée & une clarté locale qui ne laissent perdre aucun des moindres détails. Haut. 13 pouc. larg. 11. B.

PAR LE MÊME.

58 Une Composition de trois personnages Hollandois, vus à mi-corps dans un intérieur de chambre rustique & près d'une grande croisée. Ce groupe intéressant, vrai dans les expressions, & de la plus étonnante perfection pour le fini, présente une villageoise assise & d'un caractère riant, tenant une feuille de gazette imprimée, dont elle fait remarquer le titre à son mari qui est tourné de profil & lui prêtant une grande attention; entre ces deux personnages on voit encore un paysan debout & de la plus belle figure, mettant ses lunettes. Ce morceau, de la plus rare qualité, est aussi d'un fini merveilleux & brillant par l'heureuse distribution des lumières; il provient de la grande vente

de *Braamkamp*, faite à Amsterdam. Haut. 11 p. larg. 8 p. 6 lig. B.

PAR LE MÊME.

59 Un autre Tableau du meilleur faire & très-précieux de ce Maître. Il représente une femme vue à mi-corps au dedans de la porte de sa maison, & tenant son enfant. Ces deux figures, de la plus belle touche d'exécution d'*Adrien Ostade*, sont placées au dedans d'une espèce de boutique, dont l'ouverture est couverte d'un petit auvent, enrichi au-dessus d'une treille qui garnit le haut de la maison; il est aussi terminé que le précédent, & provient du cabinet de feu M. le Prince de Conty. (Voyez le N° 313 de son Catalogue.) Haut. 13 p. 6 lig. larg. 10 p. 6 lig. B.

PAR LE MÊME.

60 Deux petits Tableaux frappans de vérité & du plus beau fini; ils représentent les portraits des deux fils de cet Artiste, vus à mi-corps dans des habillemens noirs, la tête découverte, & ajustés de larges colets de batiste, selon le costume du tems. Haut. 7 p. 6 lig. larg. 5 p. 6 lig. B.

PAR LE MÊME.

61 Un petit Tableau aussi admirable & étonnant dans son genre que les plus beaux ouvrages d'intérieur de ce Maître. Il représente la place d'un village de

Hollande, avec différentes chaumières pittoresques, entrecoupées d'arbres & de verdure; le clocher de l'église de ce joli hameau se distingue par son élévation en se détachant sur un ciel bleu & bien nuagé d'une belle matinée; on y compte treize petites figures, hommes, femmes & enfans, distribuées & finies avec une miraculeuse intelligence : le premier plan, entièrement occupé par un beau terrain heureusement nuancé de demi-teintes, laisse distinguer plusieurs chiens, des cochons, des poules, &c. Ce charmant & extraordinaire morceau paroîtroit un défi de ce grand Artiste pour imiter la précieuse exécution de J. *Van der Heyden*; nous le considérons comme une variété curieuse parmi les meilleures productions d'*Adrien Ostade*. Haut. 10 p. larg. 11 p. 6 l. Collé sur bois. T.

C. DEKER & Ad. VAN OSTADE.

62 Un Intérieur de chambre rustique, servant d'attelier à un Tisserand. Le côté droit du sujet offre une partie de mur construit de brique & une petite croisée renfoncée, qui produit une lumière piquante sur tous les détails du métier de cet artisan. *Adrien Ostade*, qui portoit aux ouvrages de cet Artiste une considération marquante, a placé dans le Tableau que nous décrivons, & sur la gauche du sujet, une famille prenant quelques repos après un repas frugal. Divers accessoires & ustensiles de ménages contribuent à l'intérêt & à la perfection de l'ensemble; il seroit impossible de présenter un ouvrage plus parfait de

Corneil *de Ker*. Les belles figures dont il est enrichi y donnent encore une double valeur. (Voyez le N° 72 du Catalogue de M. de Boisset, qui l'avoit lui-même choisi dans la précieuse collection de *Lubling*.) Haut. 16 p. larg. 20. B.

Gabriel Metzu.

63 Un Intérieur d'appartement, dans le milieu duquel est une belle femme Hollandoise assise devant une table, couverte d'un tapis de Turquie. Son attitude tranquille fait connoître qu'elle attend que son Maître de musique ait accordé son violon pour prendre avec lui une leçon de chant. Cette figure gracieuse est vue de profil, coëffée en cheveux blonds artistement tressés & relevés d'une toque en soie & or; son habillement est un corset rouge avec de larges manches bien drapées, dont le ton quoique très-vigoureux se marie parfaitement avec celui d'une jupe de couleur lilas changeant. Un joli chien, placé à la gauche sur le devant du Tableau, forme encore un accessoire intéressant. La haute renommée de *Gabriel Metzu* nous dispensent des éloges dus à la grande perfection de ses ouvrages; nous observons seulement qu'il a fourni des compositions plus heureuse les unes que les autres, & que celle-ci offre un de ces morceaux parfaits sous ce rapport. Haut, 15 p. 6 lig. larg. 13 p. 6 lig. T.

Par le même.

64 Un intérieur de Cuisine, on y voit un jeune Ouvrier

Hollandois, assis devant une table & occupé à allumer sa pipe ; devant lui est une jeune Femme qui lui verse un verre de bierre & semble le regarder avec intérêt; une croisée, ouverte sur la droite du sujet, sert à répandre la lumière sur tous les objets ; ce morceau de la plus admirable couleur provient du cabinet de feu M. Poulain. Haut. 13 p. larg. 11 p. 6 lig. B.

PAR LE MÊME.

65 Un petit tableau de ton clair & argentin, représentant une jeune Femme Hollandoise, assise près d'une table, lisant une lettre avec beaucoup d'attention, elle est coëffée d'une coëffe blanche & vêtue d'un manteau de lit grisâtre, noué de plusieurs rubans roses ; ce joli morceau est touché avec la facilité reconnue dans tous les ouvrages de cet artiste, qui a su accorder une touche large & savante avec le fini soigné de son école. Haut. 6 p. 6 lig. larg. 6 p. B.

DANIEL VERTANGEN.

66 Le portrait d'un Ministre de l'Eglise ; il est représenté assis, dans les habillemens de son état, & tenant dans sa main droite un sablier, comme accessoire simbolique ; on distingue à travers une porte ouverte quelques fragmens d'architecture, terminés dans le style *de Vandelen*. Nous ne dirons pas aux amateurs que ce tableau est capital ni de grand prix, mais il est peu commun d'en rencontrer d'aussi achevé, & qui approche davantage des ouvrages précieux de

l'incomparable *Slingeland.* Haut. 7 p. larg. 5 p. 6 lig. C.

F. MIERIS, *dit le Vieux.*

67 Un tableau de la première finesse & de la plus étonnante exécution dans toutes ses parties ; il représente un Artiste considérant une belle statue de jeune Homme à la lueur d'une bougie ; il est accompagné d'un autre Personnage qui semble consulter de près les détails de cette figure antique ; on voit encore sur un plan éloigné, deux Etudians, dont un tient une lumière ; ce morceau, vraiment magique par l'effet du clair obscur, peut être mis au nombre des difficultés vaincues & des chef d'œuvres de F. *Mieris* dans ce genre. Haut. 6 p. 6 lig. larg. 5 p. 6 lig. B.

PAR LE MÊME.

68 Un autre Tableau capital & parfait de ce Maître ; il représente une belle femme Hollandoise assise dans son appartement & vue jusqu'aux genoux, présentant une gimblette à son perroquet qui est perché sur son bâton. Cette figure gracieuse & vraie est vue presque de trois quarts, coëffée de cheveux naturellement bouclés & simplement ornés de quelques rosettes de rubans. Son habillement est un large manteau de lit, de velours pourpre, bordé d'hermine, qui se détache sur une jupe de satin jeaunâtre ; un coussin bleu posé sur ses genoux indique qu'elle a quitté un moment son ouvrage pour se distraire avec son oiseau. Le fond de ce merveilleux Tableau est entièrement sacrifié en brun, pour faire ressortir

ressortir le sujet. Il n'y a qu'un sentiment général pour attribuer à ce chef-d'œuvre une juste préférence sur le petit nombre d'ouvrages connus de *F. Mieris*. Il nous paroît impossible de porter plus loin la perfection du fini, sans néanmoins sortir d'un empâtement de couleurs admirable, & de cette touche moelleuse qui fait le grand art de la Peinture. Haut. 8 p. Larg. 6. B.

GUILLAUME MIERIS.

69 L'intérieur d'une Chambre Hollandoise, dans le milieu de laquelle & sur le premier plan, on voit un personnage dans un costume en partie cuirassé, qui caractériseroit un Officier de l'ancienne Garde bourgeoise; il est représenté assis & appuyé contre une table, tenant un grand verre de vin dans sa main droite, tandis qu'il porte l'autre sur sa poitrine, voulant indiquer par ce geste le bien & le plaisir que ce breuvage doit lui faire. Sa carnation forte & vigoureuse est en opposition avec une chevelure noire simplement peignée; un tapis bleuâtre & richement brodé est négligemment placé sur la table avec divers accessoires, terminés dans cette vérité que l'Ecole Hollandoise a su si bien rendre : derrière ce personnage sur la droite & à son insçu, un homme & une femme s'embrassent étroitement. Le fond de l'appartement est entièrement sacrifié pour laisser briller le sujet, dont l'intérêt est égal à la précision du fini. Haut. 15 pouc. larg. 12. B.

PAUL POTTER.

70 La Vue d'une prairie de. Hollande. On y compte ſept animaux, bœufs & vaches dans des poſitions variées très-naturelles & heureuſement contraſtées. La partie droite de la compoſition où frappe principalement la lumière, laiſſe voir une belle vache blanche nuancée de tons rouſſâtres, ayant la tête tournée de face & couchée; derrière & ſur le même plan, un taureau blanc ſur ſes pieds, & vu en profil, paroît dans le mouvement de beugler; plus loin, & dans une diſtance de dégradation de plans admirables, deux de ces animaux ſe frappent de leurs cornes. La gauche du ſujet eſt enrichie d'un vieux chêne dépouillé de ſes feuilles, au pied duquel une vache brune eſt couchée & preſque endormie; une allée d'arbres dans l'éloignement & du même côté, produit une verdure admirable, qui ſe détache ſur un nuage brillant; l'effet général du ciel indique un tems de pluie, pris dans un de ces momens où le ſoleil brille ſur tous les objets après un orage. Tels ſoins que nous aurions déſiré employer pour donner une idée juſte de ce miracle de l'art, ils auroient été inſuffiſans; la nature ſeule peut en faire la juſte comparaiſon, puiſqu'il en eſt dans toutes ſes parties & dans l'enſemble l'imitation la plus vraie & la plus frappante. Hauteur 13 p. 6 lig. Larg. 20 p. B.

PAR LE MÊME.

71 Un autre Tableau compoſé d'un ſeul taureau blanc,

vu sur une prairie & près d'un vieil arbre. Ce morceau d'une vérité frappante, présentera une des Etudes majeures & distinguées de cet Artiste vraiment étonnant & sublime dans toutes ses productions. Il y a à présumer que l'on a aggrandi ce Tableau pour l'accorder en pendant à quelqu'autre. Nous croyons qu'on ajoutera beaucoup à sa valeur en le rétablissant à son ancienne forme. Haut. 15 p. 6 lig. Larg. 12 p. B.

JEAN ROTTHENAMER, BREUGHELS & VAN KESSEL.

72 Un Tableau de la plus riche ordonnance & du plus précieux détail dans toutes ses parties; il représente un sujet du festin des Dieux dans un site de paysage, composé de bosquets agréables. Cette partie, peinte par *Breughels de Velours*, est de la plus étonnante finesse pour l'exécution. Tous les accessoires de fleurs, coquillages, & les mets qui couvrent la table, sont de la main de Van Kessel. Ces trois Artistes ont travaillé d'un accord parfait, pour produire un ouvrage aussi éclatant que précienx. Parmi les différens grouppes de ce morceau, composé de cinquante figures, on remarque Silène yvre sur la droite, & nombre d'enfans qui semblent avoir pris grande part au repas. Nous citons cet Ouvrage comme un des plus riches & des plus achevés de *J. Rothenamer*. Haut. 11 p. larg. 14. C.

P. BRILL ET J. ROTHENAMER.

73 Un autre morceau capital & d'une exécution parfaite par ces deux Artistes; dans un magnifique paysage, dont la partie droite offre l'entrée d'un bois; on voit

une Déesse de la Fable, accompagnée de ses Nymphes dont six forment entr'elles une danse qui développe admirablement leurs graces, toutes heureusement ajustées de draperies légères, dans le style antique des femmes grecques. Trois petits amours qui voltigent dans le haut du sujet, en semant des fleurs, produisent la plus charmante variété de tons dans les arbres. Une perspective de campagne termine le fond sur la gauche, & laisse encore distinguer sur un plan intermédiaire la métamorphose d'une Nymphe en peupliers. Nous ne doutons point que les Amateurs ne portent à ce Tableau une distinction particulière, tant à cause de sa perfection dans toutes ses parties, que pour le charme & l'agrément du sujet. Haut. 22 p. Larg. 27 p. 6 lig. C.

PAR LES MÊMES.

74 Un autre petit Tableau très-fin représentant une vue de paysage du plus riche détail, avec figures, par *J. Rothenamer*, qui indiquent le sujet du repos en Egypte. Haut. 7 p. 6 lig. Larg. 11 p. C.

MATHIEU BRILL.

75 Un Paysage, dont la partie droite est occupée par la vue d'un Hermitage situé sur le sommet d'une montagne. Ce morceau d'un grand détail est orné de quelques figures parmi lesquels on remarque un paysan qui tire sur des canards. Haut. 8 p. Larg. 10. C.

GERARD LAIRESLE.

76 Mars & Venus, repréſentés aſſis dans un payſage. On voit ſur un nuage, & à la droite de la compoſition, Mercure, tenant ſon caducé; du même côté, & ſur le premier plan, un amour eſt repréſenté caſqué & ajuſté des armes du guerrier; l'agrément du ſujet & la fineſſe du pinceau, donnent à ce Tableau l'intérêt & le mérite qui ont fait ſurnommer cet Artiſte le *Raphaël de la Hollande*. Hauteur. 14 p. Larg. 17. B.

ADAM ELSEMER.

77 Le Sujet d'Agar & Iſmaël mourant de ſoif dans le déſert; on voit près de cette mère abattue par la douleur. Un Ange qui ſe diſpoſe à opérer le miracle pour rendre cet enfant à la vie. Un payſage ſerein & vigoureux de ton en oppoſition aux figures ſert de fonds à ce Tableau, ſur lequel nous invitons les Connoiſſeurs à ne prononcer qu'avec beaucoup d'attention. Haut. 11 p. Larg. 8 p. 6 lig. B.

KAREL DU JARDIN.

78 Une Vue de payſage du ſite le plus heureux & le plus naturel par les beautés de ſon exécution L'effet du Tableau indique l'heure du matin dans un beau jour d'été; le premier plan offre un terrain en partie couvert d'une pelouſe, où divers animaux ſont raſſemblés dans différentes poſitions les plus vraies; un grand arbre admirablement feuillé produit ſur tous les objets un ombrage frais qui procure une demiteinte ſuave, & ſe marie merveilleuſement avec les

premiers reflets du ſoleil. Ce grouppe eſt compoſé de trois moutons, deux béliers, deux chèvres & un âne; à quelques diſtances, ſur la droite & entre des arbres, on voit une belle vache de ton rouſſâtre foncé, dont l'incomparable fini doit ſurprendre même l'œil du connoiſſeur. La partie gauche eſt occupée par un riche cotteau couronné de fabrique, & garni d'arbres, dans le bas duquel & du même côté l'Artiſte a placé une payſanne aſſiſe & endormie, tandis qu'un pâtre s'amuſe près d'elle à faire exercer ſon chien. Un ciel pur & frais contribue par ſon oppoſition tranchante à faire reſſortir tous les objets. Ce délicieux tableau de ton clair & brillant par-tout ſurpaſſe en perfection tout ce que nos éloges pourroient indiquer. Nous le mettons encore au rang des plus parfaites productions de l'art & de ces penſées heureuſes qui ne ſe commandent point & qui ſont inappréciables pour les bons amateurs. Haut. 12 p. 6 lig. larg. 14 p. 6 lig. T.

N. Berchem.

Une compoſition dans le genre hiſtorique, traitée avec cette facilité admirable qui caractériſe les ouvrages de *N. Berchem*. Dans une place publique près d'un port de mer on voit une ſtatue de Vénus, accompagnée d'un amour, & ſur les degrés de ce monument une dame de diſtinction qui paroît arrêtée pour recevoir l'hommage d'un Indien, richement vêtu, qui lui préſente un harras de la plus belle eſpèce des perroquets. Cette première figure repréſentée de face dans un corſage & robe de ſatin bleu, & coupé d'une longue jupe blanche, prête en même tems attention à ce que lui dit une confidente qui ſe diſtingue derrière elle. La partie gauche eſt occupée par une autre figure d'homme portant une hallebarde, & plus loin ſont des muſiciens ambulans, dont une jeune cantatrice; Cette production marquante & gracieuſe paroîtra un peu extraordinaire au genre connu de *N. Berchem*; mais cette conſidération ne peut em-pêcher de la regarder comme un de ſes bons ou-vrages, & d'y retrouver toutes les beautés de détail & de touche qui le caractériſent ordinairement. Haut. 34 p. larg. 32. T.

PAR LE MÊME.

80 Un Tableau d'une grande richeſſe de compoſition offrant des détails admirables & précieux; il eſt connu & gravé ſous le titre de *l'Embarquement des vivres*. Sa renommée nous diſpenſe ici d'un trop long détail. Tous les ouvrages ſur la peinture citent avec admi-ration ce chef-d'œuvre de *Nicolas Berchem*. Le fond du ſujet préſente la vue d'un port de mer auprès d'une ville dont on apperçoit quelques fabriques, & tout le devant eſt occupé par un rivage couvert de figures & animaux qui s'approchent de pluſieurs bar-ques deſtinées à leur paſſage. Ces deux parties for-ment entre elles une oppoſition bien ſentie, de richeſſe & de calme, où l'on retrouve toutes les beautés qui diſtinguent ordinairement cet habile Pay-ſagiſte. Haut. 24 p. larg. 33. T.

PAR LE MÊME.

81 Un petit Tableau précieux & des plus fins du même Peintre ; il représente un beau site de paysage, enrichi de figures & de nombreux animaux ; le milieu de ce point de vue présente un tertre couvert de mousse sur lequel sont distribués cinq vaches, bœufs & taureaux ; trois moutons, un bélier & une chèvre, tous dans des attitudes variées & naturelles ; a la droite on voit un pâtre assis près d'une barrière pittoresque, & jouant du flageolet, tandis qu'à ses pieds une paysanne est occupée à son travail : de ce côté le fond est terminé par un lointain de montagne qui se prolonge derrière un rideau de verdure, & de riches côteaux occupent toute la partie gauche : un ciel pur d'une belle matinée d'Eté contribue par son éclat à faire ressortir tous les objets : Ce morceau dans un espace de 11 p. 6 lig. de largeur sur 9 p. de hauteur offre une des plus riches composition de *N. Berchem*, tant par la richesse du sujet que par la distribution merveilleuse des teintes. Nous ne balançons pas à le présenter comme le chef-d'œuvre le plus achevé de ce grand Artiste, & c'est avec justice qu'on l'a cité dans plusieurs ouvrages de peinture qui en font mention comme le diamant de la curiosité. Haut. 9 p., larg. 11 p. 6 lig. B.

PAR LE MÊME.

82 Un autre tableau très fin représentant une vue de paysage dont le premier plan est couvert de différens

animaux, parmi lesquels on distingue une vache roussâtre ayant la tête blanche; elle est couchée & grouppée avec deux moutons admirablement touchés & variés de couleurs; sur le second plan à droite & au pied d'une haute montagne on voit une paysanne occupée à traire une vache, & plus loin sur la pelouse un pâtre qui semble lui parler; du côté opposé un ânon se détache sur un lointain de montagne bleuâtre; l'effet de ce Tableau, pris dans un tems couvert, est soutenu d'un ton de demi teinte, dirigé avec la plus admirable intelligence. Haut. 9 p. 6 lig., larg. 12 p. 6 lig. C.

PH. WOUVERMANS.

83 Un Tableau de la plus riche ordonnance & désigné dans tous les Auteurs qui en ont parlé sous le titre de la Ferme ou Colombier; le site pittoresque de ce morceau capital & vraiment merveilleux, présente une masse de terrain garnie de roches, sur le sommet desquels est construite une fabrique pittoresque & ingénieusement formée; l'artiste a placé dans ce morceau qui forme vraiment un miracle de peinture une quantité de figures & chevaux dont la marche & les grouppes indiquent un convoi militaire; parmi les cavaliers on en distingue deux arrêtés pour se rafraîchir; l'un est vu par le dos montant un cheval blanc de la plus belle espèce, & causant avec un camarade qui se dispose à boire dans une canette; du même côté sont des femmes qui allaittent leurs enfans, & nombre de personnages divers; la partie droite

est baignée par un lac servant d'abreuvoir ; le fond du même côté est terminé pr un lointain de paysage situé au bas d'une montagne. Ce tableau merveilleux d'exécution & de la plus admirable conservation mérite d'être cité partout comme le premier morceau & le plus recommandable de cet Artiste unique dans son genre. Haut. 25 p., larg. 32 p. B.

PAR LE MÊME.

84 Deux petits Tableaux offrant différentes compositions des plus riches & des plus détaillées qui soient connues, de Ph. Wouvermans ; l'un représente un départ pour la chasse au vol dans un paysage du plus heureux site ; dans le milieu du sujet on voit un cavalier accompagné d'une jeune dame, montant un cheval roussâtre foncé, devant eux sont un mendiant & une paysanne ; sur la gauche & près d'une fontaine pittoresque qui se grouppe avec une chaumière & de beaux arbres, on voit encore plusieurs chasseurs à cheval ; à droite sont quelques valets qui conduisent des chiens & mulets chargés ; le fond se termine par la vue d'une ferme construite sur une côte, & qui conduit l'œil à une chaîne de montagnes formant l'horison ; le second, dans lequel on compte dix-huit figures, représente une halte & un convoi militaire, dans une campagne étendue & variée par ces différens plans ; la partie droite est occupée par une maison pittoresque servant d'auberge, & devant laquelle sont arrêtés cinq cavaliers pour se rafraîchir. L'un d'eux, descendu d'un beau cheval blanc, est assis

à la porte de la maiſon & paroît avoir un entretien agréable avec une jolie ſervante : tout ce que l'art & le goût de la touche peuvent produire d'intéreſſant a été réuni dans ces deux petits chef-d'œuvres, ils ont fait l'ornement du magnifique cabinet de *Boiſſet*. Voyez le catalogue de cette vente, nº *90*. Haut. *6* p. *6* lig. larg. *9* p. 3 lig. C.

PAR LE MÊME.

85 Un autre petit Tableau, clair & argentin, offrant une vue de payſage où paſſe une rivière ; le premier plan eſt entièrement occupé par un riche terrain formant le rivage ; dans le milieu du ſujet, on voit une jolie blanchiſſeuſe qui ſe diſpoſe à donner un paquet de linge à un payſan qui eſt devant elle, tenant un vieux cheval par la bride. On remarque encore plus loin trois figures de femmes vues en plan coupé ; l'horiſon eſt terminé par la perſpective d'un hameau ; ce tableau, d'une admirable perfection, a toutes les qualités requiſes pour le faire déſirer ; nous ne connoiſſons rien au-deſſus. C'eſt un échantillon précieux de *Ph. Wouvermans*. H. 10 p. larg. *11* p. 6 lig. B.

AD. VAN DE VELDE.

86 Un départ pour la Chaſſe ; cette compoſition, auſſi bien ordonnée qu'elle paroît naturelle au premier coup d'œil, préſente ſur le premier plan un cavalier ſuivi d'une jeune dame, montant un beau cheval blanc, & derrière elle un piqueur, ſellant la bride à ſon cheval qui paroît ſe cabrer : le premier de ces trois personnages semble occupé à indiquer le chemin à une suite nombreuse d'autres chasseurs, piqueurs & valets de chasse, formant un grouppe intéressant au milieu du second plan, & parmi lesquels on disgue le maître de la meute conduisant ses chiens, & le fauconnier portant un cerceau couvert de différens oiseaux de proie a l'usage de la chasse au vol ; le fond est terminé par un rideau léger de verdure qui se détache sur un ciel clair, brillant & des plus heureusement nuagé, d'où l'œil est rapellé sur un espace de terrain sabloneux & mêlé de bruyère, qui acheve parfaitement le premier plan par une disposition savante des lumières & des ombres portées.

Nous nous bornerons, sur ce merveilleux ouvrage, à répéter avec tous les curieux qui l'ont vu jusqu'à présent, qu'il n'existe rien de plus parfait & de mieux conservé *d'Adrien Van de Velde*. Haut. 18 p. larg. 17 p. B.

PAR LE MÊME.

87 Un autre Tableau aussi précieux & capital dans son genre que le précédent ; il représente une famille de Pâtres conduisant leurs troupeaux aux champs, au moment de l'aube du jour. Ce sujet composé de trois figures & d'une douzaine d'animaux, se trouve placé à l'entrée d'un bois, & près d'une marre qui forme tout le devant du Tableau ; un grouppe principal se fait remarquer au premier plan. En opposition sur un gros arbre est un Pâtre vu en face, les jambes nues & vêtu d'une chemise qui laisse voir à découvert son col & sa poitrine ; il tient de la main gauche

la corne d'un jeune taureau de couleur roussâtre; & sa tête est placé de profil comme pour indiquer qu'il parle à sa compagne. Cette figure de villageoise, ajustée d'un corset a manches rougeâtres & jupe bleue, tient dans ses bras un petit agneau qu'elle semble envelopper avec précaution. Ce morceau dans lequel l'art s'accorde parfaitement avec la nature, présente encore, sous tous les rapports, une des productions importantes de ce grand Peintre. Haut. 11 p. 6 lig. Larg. 13 p. 6 lig. T.

J. Van Huysum.

88 Un Tableau précieux & capital de ce Maître; il représente un grouppe de différentes fleurs dans un vase, & porté sur une table de marbre : le tout se détache sur un fond clair indiquant un paysage. Ce morceau admirable dans tous ses détails, est aussi un des plus heureux tant pour la composition naturelle que pour le choix des fleurs; les roses d'espèces différentes y forment le plus heureux contraste, par l'admirable intelligence & la finesse de leurs nuances; les insectes, qui y sont distribuées avec art & qui trompent le spectateur par leur grande vérité d'exécution, ajoutent admirablement a l'intérêt de l'ensemble. Nous croyons sincèrement qu'il se oit difficile de se procurer quelque chose de plus parfait de *Van Huysum*, dont les ouvrages sont extraordinairement rares & précieux, & dont le nom n'a encore trouvé qu'un rival dans la personne du célèbre Peintre de fleurs dont s'honore notre Ecole Françoise moderne. Haut. 29 p. Larg. 22 p. B.

AD. VAN DERWERF.

89 Un Buste de Vierge. Cette belle figure est représentée de trois quarts, ayant les yeux baissés & dans l'expression pure & céleste de la réflexion ; différentes draperies bien jettées laissent voir une partie de sa gorge. Ce morceau, d'un fini vraiment merveilleux, paroît être l'Etude d'un sujet de la Sainte-Famille, gravé dans le Cabinet de Choiseul. Quelques personnes ont cru devoir attribuer ce morceau à *Pierre Van Derwerf* : sans partager cette opinion, nous livrons ce doute aux Connoisseurs qui sûrement ne balanceront pas à y reconnoître ou une très-belle production d'Adrien Van Derwerf, ou un chef-d'œuvre de perfection de son frère. Haut. 6 p. & demi. Larg. 5 p. & demi. B.

PIERRE VAN DERWERF.

90 Un Tableau des plus gracieux pour sa composition ingénieuse ; il représente le sujet de trois jeunes garçons & filles formant un groupe sous une voûte d'architecture, & s'amusant à prendre des oiseaux qui ont fait leurs nids dans un vieux chêne, qui occupe le premier plan de la partie gauche. Ces trois figures sont vêtues dans des espèces de costumes espagnols, & coëffées de toques de velours garnies de belles plumes. Les expressions & les caractères de têtes sont variés avec tout l'intérêt & l'avantage que demandoit ce joli sujet. Haut. 12 p. Larg. 10 p. B.

GERARD DOUW.

91 Un intérieur de chambre de ménage, dans le milieu de laquelle on voit une jeune dame Hollandoiſe aſſiſe dans un fauteuil & préſentant le ſein à ſon enfant que diſtrait une jeune fille en lui montrant un hochet. Devant ce groupe intéreſſant eſt placé le berceau du nouriſſon treſſé en oſier & garni d'une couverture & autres draperies analogues ; un peu plus loin, du même côté, eſt une table couverte d'un tapis violet, ſur laquelle eſt un livre ouvert & un chandelier d'argent ; tout le haut du tableau, du même côté, eſt orné d'un riche tapis de Turquie, retrouſſé pittoreſquement & laiſſant voir un luſtre de cuivre dans la forme du tems; à droite de la compoſition, & dans l'éloignement, on diſtingue une autre chambre où ſont deux perſonnages, pour contribuer à l'effet de la perſpective. Ce précieux & rare morceau offre une des compoſitions capitales de *Gérard Douw*, dans laquelle on doit admirer également l'intérêt du ſujet & l'exécution ſoignée des détails qui s'accordent merveilleuſement pour offrir à l'œil des connoiſſeurs tout ce qu'il peut déſirer de plus parfait de ce Maître. Haut. 17 p. 6 lig. Larg. 13 p. B. de forme ceintrée.

PAR LE MÊME.

92 Un autre Tableau auſſi très-capital de ce Maître ; il repréſente l'intérieur d'une boutique d'épicerie; les fonds du ſujet, diſpoſés pour faire oppoſition avec

les devants, offrent un comptoir dans lequel on voit la maîtresse servant quelques marchandises à un personnage, & près d'eux, une servante dans l'attitude de sortir; sur le premier plan sont deux autres figures formant le principal groupe de ce sujet, dont l'une est une jeune fille pesant des raisins secs que lui achète une cuisinière; différens objets de détails, tels qu'un pain de sucre, un bocal de sucreries, &c. se trouvent placés sur l'appui d'une grande croisée, dont le dessous est orné d'un riche bas-relief de sujet d'enfant; d'autres accessoires analogues contribuent encore a la richesse de cette composition. Nous ne saurions trop arrêter l'attention des curieux sur ce morceau vraiment parfait; les moindres parties de détails y sont rendues avec la vérité & la précision de la nature, & il n'est pas indifférent d'y remarquer sur-tout la distribution heureuse des lumières du fond avec celle des devans. Haut. 17 p. 6 lig. larg. 13 p. B. Forme ceintrée.

PAR LE MÊME.

93 Un autre Tableau très différent de genre, mais encore un chef-d'œuvre d'exécution & d'agrément pour le sujet; il représente une jeune & jolie cuisinière, vue jusqu'aux genoux, & occupée à hacher des oignons dans un baquet: son visage, tourné de trois quarts, présente la carnation d'une blonde du plus gracieux contour; son habillement est un juste jaunâtre, avec un tablier bleu formant l'opposition la plus harmonieuse; on voit encore à la droite de

de cette figure un petit enfant ajusté d'un toquet garni de plumes : une croisée placée de ce même côté, & dont le sujet tire sa lumière, est enrichie d'accessoires précieusement terminés ; tels qu'une poule morte & suspendue par les pattes, une lampe de terre, un pot d'étain, &c. Ce morceau parfait dans tout son ensemble & ses détails ne laisse rien à désirer · l'effet en est précis & juste par l'intelligence merveilleuse des clairs & des ombres ; la figure principale est d'un style de dessin aussi vrai qu'il est correct Nous le croyons gravé sous le titre de *la jeune Cuisinière Hollandoise*. Haut. 7 p. larg. 5 p. 6 lig. B.

PAR LE MÊME.

94 La Magdelaine pénitente, représentée à mi-corps sous une grotte, & dans l'expression d'invoquer le Ciel. Cette figure, quoique fatiguée des jeûnes & de la méditation, conserve encore les traits de finesses & de graces qui caractérisent la beauté. Son visage, tourné de face & les yeux élevé vers le Ciel, est du dessin le plus pure & le plus exact. Devant elle un grand livre de prières est ouvert, & porté sur une élévation de terre qui forme son prie-dieu. Son habillement, qui est celui de la pénitence, laisse voir en partie sa poitrine. Un vieux chêne, pittoresque par sa forme, occupe la partie gauche, & supporte une lampe dans l'une de ses branches. Ce petit Tableau, étonnant pour la finesse de la touche & sa clarté dans la distribution générale des teintes, est le même que différens Auteurs ont cité en parlant de

la précieuse Collection de *Lubling*. Nous ne doutons pas qu'il sera distingué & apprécié par les vrais Connoisseurs, comme un de ces ouvrages rares que *Gerard Douw* s'est plu a soigner & à rendre dans la perfection. *Voyez ma Magdelaine*, disoit ce Peintre à ses Contemporains, *c'est mon morceau d'expression*. Haut. 9 p. larg. 6 p. 9 lig. B.

PAR LE MÊME.

95 Le sujet d'une vieille femme qui tient un beau chat tigré dans ses bras. Cette figure, d'une vérité parfaite, est représentée à mi-corps devant l'appui d'une croisée, ayant le visage tourné presque de face; son habillement est un juste rouge relevé de petits galons & tresses en or, sur lequel se détache un large collet de batiste; une grande draperie bleue lui couvre la tête & les épaules. Cette figure est admirablement étudiée & présente encore un des ouvrages de caractère du célèbre *Gerard Douw*. Haut. 8 pouc. larg. 7. B.

PAR LE MÊME.

96 Une Figure de Matelot vu dans un intérieur de chambre & jusqu'aux genoux. Ce personnage, frappant de vérité, est représenté de face, la tête couverte d'un bonnet fourré, portant sa main droite sur un pot de bière en forme de cruche de terre de Flandres, tandis que de l'autre il tient sa pipe. Ce Tableau, dont la touche originale de *Gerard Douw*

n'est point douteuse, est peint dans un style moins terminé que tous les chef-d'œuvres que nous avons cités précédemment de ce *grand Artiste*. Haut. 12 p. larg. 10. B.

ALBERT CUYP.

97 Une Vue étendue de la Meuse du côté de Dort. Au premier plan, sur la gauche, & vers le milieu du sujet, on compte six belles vaches, dont une vue de face, se distingue par un dessin savant de raccourci; la partie droite est occupée par un bateau, dans lequel sont deux Matelots qui s'amusent de la pêche. On distingue encore dans le lointain quelques petites barques à voile, & l'horison est terminé par l'indication de plusieurs hameaux qui se détachent sur un ciel du ton le plus argentin. Ce Tableau, qui présente la nature dans toute sa vérité, est aussi de la bonne touche & du ton de couleur chaud & vigoureux, qui a fait la renommée de ce Peintre. Haut. 16 p. 6 lig. larg. 27 p. B.

W. VAN DE VELDE.

98 Une Vue de mer calme, couverte d'une flote de plus de quarante navires, barques, yachts & chaloupes, offrant un détail & une variété de construction admirable. Ce Tableau, qui provient du célèbre Cabinet de *Lubling* à Amsterdam, est cité dans la vie de cet Artiste comme son chef-d'œuvre : une exécution précise, un dessin pur & correct dans la

forme de chaque objet, une couleur vigoureuſe & une intelligence de perſpective admirable, font les parties principales qui ont fait remarquer cet ouvrage au-deſſus de toutes les productions de *Guillaume Van de Velde*. Les figures nombreuſes qu'on y diſtingue ſont auſſi très-achevées, & toutes occupées avec cette vérité ſi déſirable dans la repréſentation qui doit produire l'illuſion de la nature. Haut. 17 p. larg. 23. B.

PAR LE MÊME.

99 Un petit Tableau précieux repréſentant une autre Vue de mer par un beau calme à l'entrée d'un port. On y remarque, entre quelques bâtimens, un yacht de riche conſtruction, qui s'approche de la jettée avancée dans la mer & ſur la partie gauche. Pluſieurs Matelots dans une chaloupe ſont différemment occupés, tandis que d'autres ſe diſpoſent à recevoir les cordages qui doivent l'amarer. Sur la gauche, on voit encore une barque marchande & pluſieurs barquettes dans l'eloignement. L'horiſon eſt terminé par une ligne de payſage ſi admirablement entendue de perſpective qu'elle fait l'illuſion parfaite d'une grande diſtance. Ce morceau précieux fait autant par ſa forme que par ſa rare qualité le pendant exacte du charmant Tableau de *Ph. Wouvermans*, N° 85, ci-devant. Haut. 10 p. 6 lig. larg. 11 p. 6 lig. B.

JEAN VAN DER HEYDEN, ADRIEN & W. VAN DE VELDE.

100 La Vue d'une église ou abbaye, environnée de divers fabriques & anciens murs de fortifications en briques, qui se prolongent jusqu'à un moulin au pied duquel passe un lac. On connoît peut de tableaux d'un aussi grand détail par cet artiste précieux. Dans toutes ces productions il paroîtroit qu'il a pris plaisir à y introduire une plus grande variété de construction & de matériaux, qu'il ne faisoit ordinairement; aussi *Adrien* & *W. Van de Velde* ont-ils contribué à sa grande perfection; l'un en distribuant avec intelligence plus de vingt figures sur différens plans, parmi lesquelles on distingue un pâtre qui conduit son troupeau, des moissonneurs, un porte-bale, &c.; l'autre en y faisant passer un canal limpide où se voyent deux barques & un bateau plat conduit par des rameurs. Haut. 17 p. larg. 24. B.

JEAN VAN DER HEYDEN.

101 Un autre petit Tableau, étude de paysage. par cet Artiste : il représente un site de terrain élevé sur la gauche, & couronné de jeunes arbres qui se détachent sur un ciel brillant; diverses figures par *Eglon Van der Neer* sont distribuées avec intérêt dans ce joli morceau. Haut. 9 p. larg. 8. B.

G. B. WENINX.

102 Le sujet d'un retour de chasse, représenté avec les détails les plus intéressans dans une belle campagne d'Italie, enrichie de divers monumens de ruines d'architecture : le grouppe principal, occupant le milieu de la composition sur le premier plan, laisse distinguer un personnage dans un habillement pittoresque, montant un cheval blanc, & arrêté pour parler à un valet qui est entouré de chiens & de gibiers ; sur la gauche on voit encore un grand nombre d'animaux de différentes espèces, parmi lesquels on distingue une vache rousseâtre qu'une paysanne est occupée à traire. Ce tableau peint avec la grande facilité ordinaire à ce Maître, est aussi de la plus riche couleur. Haut. 36 p., larg. 48 p. T.

PAR LE MÊME.

103 Un autre petit Tableau du même Artiste & de la première finesse ; il représente une vue de port de mer dont la partie gauche est occupée par un palais de riche architecture : on y compte plus de 30 figures sur différens plans, parmi lesquelles on distingue deux personnages dont une dame à laquelle un esclave porte la robe ; divers détails de marine, qui forment accessoires, se détachent sur un ciel brillant & le plus heureusement nuagé. Haut. 9 p. 6 lig., larg. 8 p. 6 lig. B.

GERARD TERBURG.

104 Un intérieur d'appartement, dans lequel on voit trois personnages ; on y distingue une belle femme hollandoise assise, à laquelle un homme de la figure la plus gracieuse présente un grand verre où se voit un citron : ce dernier, vêtu dans l'ancien costume pittoresque hollandois, a la tête tournée de profil, portant ses cheveux, & couverte d'un chapeau rond, il est assis devant cette jeune femme, dont l'habillement est un manteau de lit de satin jaune, bordé d'hermine, avec jupe de satin blanc, garnie d'une dentelle d'or ; une coiffe noire, dont elle est ajustée, fait ressortir la plus charmante figure. En opposition à ces deux personnages est une femme âgée qui semble prendre part à leur entretien. Le Peintre a terminé cette composition par quelques accessoires analogues au sujet : il n'est pas possible de rencontrer un morceau plus pur ni plus gracieux de *Gerard Terburg*. C'est un chef-d'œuvre de perfection pour le fini & aussi pour l'agrément des caractères de tête. Haut. 24 p., larg. 20 p. T.

PAR LE MÊME.

105 Un autre Tableau de même proportion que le précédent ; il représente un intérieur de chambre à coucher, dans le milieu de laquelle est une Dame Hollandoise, debout, ayant devant elle sa Servante qui lui donne à laver les mains. La figure principale

eſt vue de profil, & ajuſtée d'un large manteau de lit de ſatin gris, bordé d'hermine, avec une jupe blanche, garnie d'un galon de velours noir. Ce morceau, d'une touche facile, porte également ce caractère de vérité qui ſe trouve dans toutes les productions de l'un des plus grands Peintres de la Hollande. Haut. 23 pouc. larg. 20 p. T.

Godefroi Scalken.

106 Une charmante figure de femme, vue jusqu'aux genoux, & par l'ouverture d'une croiſée; elle eſt repréſentée devant un baquet & occupée à faire du boudin. Son expreſſion agréable & riante caractériſe merveilleuſement l'idée de ce ſujet plaiſant, & le Spectateur lui-même en admirant le fini précieux & la touche moeleuſe de ce rare Tableau ne peut ſe défendre de ſourire à la gaîté de cette compoſition. Haut. 11 pouc. larg. 8 p. 6 lig. B.

Gaspard Netscher.

107 Le ſujet d'une vieille Bohémienne qui dit la bonne aventure à une jeune femme. Cette figure charmante & gracieuſe eſt vue de trois quarts & coëffée de cheveux châtins, ornés de plumes; ſon habillement eſt composé d'un corcet & d'une longue jupe de ſatin blanc qu'elle releve négligemment de la main gauche. Une robe jaunâtre couvre en partie ſes épaules & forme une ingénieuſe oppoſition de ton avec ſa poitrine qui eſt entièrement découverte. Un fond de ciel, entièrement

facrifié, femble indiquer le moment d'une foirée. Ce morceau, d'une grande fineffe de touche dans toutes fes parties, préfente un des ouvrages les plus gracieux de cet Artifte incomparable dans l'imitation des étoffes. Haut. 10 pouc. larg. 8 p. B.

Isaac van Ostade.

108 Une vue de Payfage, dont le milieu préfente une chaumière pittorefque artiftement grouppée, avec des arbres & brouffailles; le premier plan offre un terrain couvert de bruyère; on y remarque une Villagoife affife, ayant fur elle fon enfant & caufant avec un Payfan qui tient un coq par les pattes : ce perfonnage eft accompagné d'un jeune Garçon qui porte un pannier de volaille fur un bâton & fur fon épaule gauche. Sur la partie droite, on voit encore un homme endormi, & plus loin un âne ajufté de fon bât, portant quelques volailles : à gauche & dans l'éloignement on diftingue deux Cavaliers qui femblent arrêtés pour demander un chemin. Sur le devant eft une marre dans laquelle boit un chien. Ce morceau précieux par fa touche & l'harmonie des détails & de l'enfemble, offre de cet Artifte diftingué un des ouvrages qui mérite quelque préférence, tant pour toutes les confidérations de l'art que pour l'agrément & la vérité du fujet. Haut. 20 pouc. larg. 16 p. 6 lig. B.

Par le même.

109 Un autre Tableau du ton de couleur le plus

vigoureux & aussi de la belle touche de ce Maître ; il représente un point de vue de Paysage, pris dans les bruyères d'Anvers ; la gauche est occupée par une grande chaumière servant d'auberge aux voyageurs. C'est au-dehors de cette maison pittoresque par les différens arbres qui l'entourent, que l'Artiste a placé des Cavaliers arrêtés pour se rafraichir. On y distingue une Dame sur un cheval noir, & qui semble faire quelques questions à plusieurs Valets. Un petit Garçon, portant un pannier au bras, est dans un chemin qui forme le premier plan ; d'autres personnages, occupés chacun de leur travail, contribuent à un ensemble de composition heureuse & naturelle. Haut. 27 pouc. larg. 32 p. B.

Adrien Brauwer.

110 L'intérieur d'une Tabagie flamande, dans laquelle & sur la partie droite, du premier plan, on compte huit figures de paysans autour d'une table ; l'un d'eux, également assis & vêtu d'une large veste bleuâtre, paroît avoir vidé d'un seul trait une canette de bière ; ce qui lui attire les applaudissemens de toute l'assemblée. Ce sujet est admirablement rendu par l'expression uniforme de tous les personnages. Du côté gauche, & dans la demi-teinte, on distingue une vieille servante devant une cheminée, qui semble avoir fait quelque mal-adresse en découvrant une marmitte qui est sur le feu, ce dont un homme la corrige par une vigoureuse tape qui fait voltiger son chapeau. Dans le milieu de la composition se voit un valet de tabagie

dans une ouverture de porte, tenant une nouvelle canette de bière qu'il apporte aux buveurs. *Adrien Brauwer* est encore un de ces imitateurs de la nature qui a porté son art à la plus grande perfection ; l'esprit qu'il a su mettre dans sa touche, joint à un transparent de couleur admirable, lui ont mérité l'estime de *P. P. Rubens*. Haut. 13 p. larg. 18. B.

CORNEILLE DUSSAERT.

111 Un Famille de paysans à table au-dehors de leur maison & sous une riche treille. On compte dans cette composition huit personnages, parmi lesquels on distingue sur la droite un vieillard mendiant qui joue de la vielle, & en opposition une villageoise assise sur un baquet, tenant son verre, & paroissant l'écouter avec intérêt. Le fond de ce tableau de choix parmi les ouvrages de *Dussaert*, est terminé par des lointains de paysages qui se détachent sur un ciel nuageux. Haut. 16 p. larg. 13 p. 6 lig. B.

J. STEEN.

112 Un intérieur de chambre Hollandoise, où l'on voit un vieux maître de musique occupé à donner une leçon de clavecin à une jeune fille. L'expression du sujet est parfaitement sentie dans ce tableau ; la touche en est large & savante : il provient du Cabinet de *Randon de Boisset*, N° 129 du catalogue de cette vente. Haut. 13 p. 6 lig. larg. 17 p. 6 lig. B.

PAR LE MÊME.

113 Un autre Tableau repréſentant un intérieur de tabagie ; on voit près d'une croiſée dont l'extérieur eſt entouré d'arbres & branchages de vigne, trois payſans autour d'une table ; l'un de ces perſonnages, d'une phiſionomie très expreſſive, veut embraſſer aſſèz rudement une ſervante qui tient un pot de bière dans ſa main gauche ; le fond de cette chambre, sacrifié tout en brun, laiſſe encore appercevoir quelques détails & acceſſoires. Ce joli morceau ſe trouve gravé dans le Cabinet de Choiſeul. Haut. 13 p. larg. 11 p. 6 lig. B.

JEAN LEDUC.

114 Un Intérieur de corps de garde pratiqué dans une ſalle baſſe, & terminé par une grande arcade qui ſe détache en brun pour encadrer tout le ſujet ; le milieu de la compoſition préſente deux perſonnages aſſis & contraſtes d'attitudes dans des habillemens militaires ſelon l'ancien coſtume Hollandois ; ils ſemblent parler, en fumant leurs pipes, à une jeune femme placée à la droite ſur des dégrès ; en opoſition ſe voit encore une ſervante dans le haut d'un eſcalier paroiſſant écouter leur entretien ; divers acceſſoires d'attributs de guerre & de muſique ſont diſtribués ſur le premier plan. Tous les objets ſont rendus dans ce morceau avec une préciſion de touche auſſi admirable que vraie. Haut. 15 p. 6 lig. larg. 22. B.

Ant. F. Van Der Meulen.

115 La Vue d'un château fort, dans une campagne de la Flandre, attaqué & forcé par un très-petit détachement de cavalerie françoise; ce morceau, dans lequel l'action du sujet est soutenue avec feu, présente un échantillon parfait & très colorié des productions de ce peintre aussi savant que libre dans sa touche. Haut. 7 p. 6 lig. larg. 11. B.

J. Winantz et Ad. Van de Velde.

116 Un admirable Tableau, sujet de paysage, dont la partie gauche est occupée par une élévation de terrain sabloneux où frappe la principale lumière; du même côté on remarque un vieux chaine dépouillé de ses feuilles & en opposition de demi tinte; *Adrien Van de Velde* a contribué à la richesse de ce charmant morceau, en plaçant dans un chemin, qui traverse ce point de vue, quatre beaux animaux boeufs & vaches que conduisent un pâtre & un jeune garçon, & plus loin une femme qui porte un panier sur sa tête. Haut. 11 p. larg. 15. B.

Jean Wynautz et Linghelbach.

117 Un autre petit Tableau très-fin, offrant un point de vue de paysage agréable dont la partie gauche est mouillée par un canal; le premier plan est occupé par un terrein sabloneux mêlé de bruyères, & un chemin où passe un cavalier suivi d'une dame qui monte un cheval blanc; ces personnages sont arrêtés

pour faire l'aumône à une famille de mendians. Ce joli morceau peut faire exactement le pendant du tableaux de *Weninx*, N° 103. Haut. 9 p. 6 lig. Larg. 8 p. 6 lig. B.

Adam Pinaker.

118 La Vue d'un riche paysage, dont la partie droite présente une masse de roche d'où sort une source qui tombe en cascade & bouillonne dans des pierres mêlées de broussailles; dans le milieu tourne un chemin qui conduit l'œil à un lointain de paysage qui se termine par des montagnes vigoureuses; la gauche sur le premier plan est soutenue d'un ton de demie teinte qui laisse distinguer un paysan assis sur son âne. Une touche de goût, piquante, & le ton de couleur le plus riche & le plus vigoureux présentent dans ce morceau une des productions distinguée de ce bon Paysagiste. Haut. 15 p., larg. 20 p. 6 lig. B.

J. Ruisdael.

119 Un Paysage dont l'effet indique un tems couvert; la droite présente une masse d'arbres & de boussailles vue dans l'ombre, & se détachent sur un ciel nuageux. La partie gauche est occupée par un canal entouré de haies & de roseaux. Sur le premier plan dans le milieu on voit un paysan accompagné d'un enfant. Haut. 17 p., larg. 21 p. B.

Breughels, *dit* de Velours.

120 Deux Tableaux de la plus grande finesse de touche & d'un brillant de couleur admirable ; l'un représente un point de vue d'une campagne etendue, dans un terrain de bruyère ; le milieu du sujet est enrichi de diverses figures & chariots ; l'autre tableau offre un site à-peu-près de même genre que le précédent, & pareillement orné de figures : sur la droite on remarque un moulin à vent qui se détache en brun sur le ciel. Les ouvrages de *Breughels* méritent l'estime dont ils jouissent dans la curiosité tant par la finesse de la touche que par la richesse des details. Ceux que nous décrivons ici ont toute la perfection que l'on peut désirer. Haut. 6 p. 6 lig. larg. 10 p. B.

Jean Miel.

121 Deux petits Tableaux de la première finesse, du ton le plus clair & le plus argentein, l'un représente un halte de chasseurs qui sortent d'une gorge de montagnes ; dans le milieu de la composition on remarque un de ces personnages coeffé d'un bonnet rouge & assis, qui semble marchander des fruits à une paysanne qui est suivie de son enfant ; à la droite, un cavalier descendu d'un cheval blanc est occupé à remettre sa botte ; l'autre Tableau, aussi précieux, represente des Napolitains à la porte d'une ferme & s'amusant à boire & danser. Ces deux morceaux, d'une qualité peu ordinaire, ont toujours été distingués comme les

plus heureuses productions de *J. Miel.* Haut. 6 p. larg. 9 p. 6 lig. C.

VERKOEILLIER.

122 Un Sujet de deux jeunes enfans qui s'amusent à parer une statue de l'amour avec une guirlande de fleurs. Le fond de ce petit morceau gracieux est un paysage qui indique l'heure d'une soirée. Haut. 9 p. 6 lig. larg. 7 p. 6 lig. B.

VANDER ULFT.

123 Un Tableau très-capital de ce Maître ; il représente un port de mer auprès d'une des grandes villes d'Egypte. Cet Artiste, qui excelloit dans la partie de l'architecture, a rassemblé dans ce morceau un grand nombre d'anciens monumens dont quelques-uns paroissent rappeller des édifices Romains ; on y compte une quantité prodigieuse de figures, au milieu desquelles, & sur le devant du tableau, on remarque un guerrier à cheval, entouré de gens d'armes ; ce qui a fait désigner ce sujet dans les cabinets où il a passé précédemment sous le titre de l'embarquement d'Alexandre. Ce morceau extraordinairement précieux est d'une exécution parfaite dans toutes ses parties ; on sait combien sont rares les ouvrages de ce Maître, & nous croyons qu'il est infiniment difficile d'en rencontrer un aussi clair. Haut. 17 p., larg. 24. B.

BARTH OLOMÉ.

BARTHOLOMÉ BREEMBERG.

124 La Vue très-étendue d'une campagne d'Italie. La partie gauche de cette compoſition eſt occupée au ſecond plan par une belle fabrique des ruines d'un ancien Palais. Sur la gauche ſont encore quelques fragmens d'édifices & une fontaine, dont les eaux tombent dans une cuve de porphyre. Ce Tableau clair, & d'un détail précieux & intéreſſant, eſt orné de diverſes figures, parmi leſquelles on diſtingue ſur le premier plan un grouppe de figures hiſtoriques, ſujet d'une rencontre & de l'évanouiſſement d'une Princeſſe. Haut. 13 p. 6 lig. larg. 20. B.

PAR LE MÊME.

125 Un autre Tableau, très-fin de touche, offrant le point de vue d'un riche Payſage, mêlé de prairies & rivière. La partie gauche indique la ſortie d'un bois. L'Artiſte a orné ce joli morceau d'un ſujet de chaſſe au cerf; très-analogue au ſite. Nous indiquons ce petit morceau précieux comme pouvant ſervir de pendant exact au Tableau de *P. Brill*, N° 74, ci-devant. Haut. 8 p. larg. 11. B.

PAR LE MÊME.

126 Deux petits Tableaux très-fins repréſentans des ruines pittoreſques. *Breemberg* a placé entre autres figures un Berger aſſis, qui joue du flageolet, ayant

ſon chien devant lui. Dans l'autre morceau on voit un Cavalier qui parle avec un Hermite. Haut. 4 p. 6 lig. larg. 3 p. 6 lig. C.

CORNEILLE POELEMBURG.

127 Un Banquet des Dieux dans l'Olympe : compoſition de dix-ſept figures principales formant différens grouppes, & toutes caractériſées par leurs divers attributs mythologiques. L'Artiſte, pour donner à ce ſujet tout le ſens fabuleux qui lui convient, a placé dans le bas du Tableau une vue de payſage étendue, & dont la proportion indique un éloignement conſidérable entre notre globe & le lieu de la ſcène qu'il a repréſentée. Ce morceau précieux d'exécution eſt clair dans toutes ſes parties, & du plus bel émail de couleur. Voyez le N° 251 du Catalogue du Prince *de Conti*. Haut. 14 p. larg. 18. C.

PAR LE MÊME.

128 Deux autres petits Tableaux encore d'une grande fineſſe; ils repréſentent différens points de vues de belles campagnes d'Italie : dans l'un on voit le ſujet de la Sainte Famille, dans l'autre Tobie & l'Ange. Haut. 6 p. 6 lig. larg. 8 p. 6 lig. B.

VAREGE.

129 Une Vue de Payſage; dont la partie droite eſt occupée par une maſſe de ruines, & le premier

plan garni de quelques animaux & figures. Haut. 8 p. larg. 12. B.

HENRI STENWICK.

130 Un Intérieur d'Eglise, dont l'effet est pris à l'heure où le Prêtre est à l'Autel, disant la Messe de minuit. Toute la partie d'architecture du premier plan, sacrifié dans l'ombre, laisse briller les détails de perspectives qui terminent le point de vue du sujet. On y compte seize figures de la main de *Fr. Frank*, très-naturellement rendues & distribuées avec intelligence, parmi lesquelles on distingue un homme qui porte une lanterne. Haut. 13 p. larg. 11. B.

PIERRE NEEFFS.

131 Deux petits Tableaux d'une grande finesse d'exécution & corrects de perspectives; ils représentent des intérieurs d'Eglises, l'un éclairé au jour, l'autre à l'effet de la nuit par des flambeaux. Diverses figures analogues aux sujets y sont distribuées avec autant de goût que d'intérêt. Haut. 3 p. 7 lig. larg. 3 p. C.

J. BOTH.

132 Un petit Tableau de la première finesse, représentant une partie de ruines dans un paysage; il est orné de trois petites figures, parmi lesquelles on distingue un Pêcheur qui retire son filet d'un canal, il

eſt de même forme & proportion que le Tableau N° 34. Haut. 6 p. larg. 5. B.

GOVAERT FLINCK.

133 Le buſte d'une jeune Fille, ayant la tête tournée de trois quarts, coëffée en cheveux & d'une toque garnie de plumes; elle eſt ajuſtée de diverſes draperies pittoreſques, relevées de broderies & chaînes d'or, tenant un gros chien dans ſes bras, dont on n'apperçoit que la tête. Ce morceau gracieux & plein d'expreſſion, eſt ſoutenu d'un ton de couleur vigoureux, dans le ſtyle de *Rembrantz*. Haut. 23 pouc. larg. 20. T.

DIETRICCI.

134 Un buſte d'Homme de proportion, demi-nature; il eſt coëffé d'une eſpèce de turban & drapé d'un manteau de groſſe étoffe pluchée, ſur lequel ſe détache une chaîne d'or. Ce morceau, touché avec facilité, préſente une des bonnes études de *Dietricci*, dans le ſtyle de *Rembrantz*. Haut. 14 pouc. larg. 10 p. 6 lignes. B.

BISCAYE *d'Anvers.*

135 Une compoſition de quatorze figures, offrant le ſujet de Jéſus-Chriſt diſputant parmi les Docteurs. Un grand ſoin dans l'exécution fait rechercher les Tableaux de ce Copiſte fidèle. Haut. 12 pouc. 6 lig. larg. 10 p. 6 lig. B.

VAN ARTOIS.

136 Un bon Tableau de paysage, dont la partie gauche présente l'entrée d'un bois, & une partie de terrain sablonneux. On distingue parmi quelques figures, naturellement distribuées, un personnage assis & ajusté d'un manteau rouge. Haut. 26 pouc. larg. 38. T.

J. D. BEER.

137 Une vue de paysage de site agréable, dans lequel *Honoré Fragonard* a placé diverses figures de Bucherons & un cheval blanc; touchés avec intelligence dans le style Flamand. Haut. 22 pouc. larg. 25. T.

GEORGE WAGNER.

138 Le point de vue d'un paysage, mêlé de roches & de quelques chaumières. Ce petit morceau, très-fin de touche, présente un ton de verdure agréable & naturel. Haut. 6 pouc. 6 lig. larg. 9 p. 6 l. B.

ÉCOLE FRANÇOISE.

N. POUSSIN.

139 Un Tableau, du plus grand ſtyle pour l'ordonnance & la compoſition, & dont le ſujet, tiré des Métamorphoſes, paroît indiquer la fable d'Alphée changée en fleuve par Diane, & mêlant ſes eaux à celles d'Aréthuſe ; cette ſcène ſe paſſe dans un payſage riant & d'un beau ſite. Sur la partie gauche, entre des arbres, on remarque une Nymphe ajuſtée d'une draperie bleue, & qu'un bel enfant s'efforce d'entraîner. La réſiſtance de cette figure bien caractériſée, en même tems qu'elle eſt frappée d'un trait que lui lance un Amour, offre un contraſte heureux qui donne de l'action. On remarque encore, vers la droite, deux autres figures de fleuves, repréſentées ſous l'aſpect d'un vieillard & d'une jeune femme, & contemplant cette ſcène. Pluſieurs Amours, dans des attitudes bien variées, y ſont auſſi placés artiſtement pour enrichir le ſujet. Ce Tableau eſt attribué à *Nicolas Pouſſin*, plutôt pour ſa compoſition qui eſt vraiment digne de lui que pour l'exécution qui ne nous paroît point lui appartenir. Nous livrons ce doute à l'examen des Connoiſſeurs que nous invitons à juger avec attention & impartialité. Haut. 57 p. larg. 6 pieds 3 p.. T.

CLAUDE GELÉE dit LE LORRAIN.

140 Un magnifique Paysage de site italien, dont le ciel pur & brillant indique l'effet d'une belle matinée; le premier plan offre un beau terrain sablonneux, en partie couvert de mousse & coupé en différens plans admirablement sentis & distribués. A gauche de la composition, on voit un Berger qui parle à des Nymphes, suivies d'un jeune Ecuyer armé d'une pique; tandis que, sur la droite, plusieurs vaches passent un lac, & que d'autres montent un chemin pratiqué au pied d'un grouppe d'arbres du plus beau feuillé; du même côté, l'on apperçoit encore un paysan assis sur un arbre renversé & cassé, & une montagne couronnée de diverses fabriques, dont les tons se lient admirablement avec de beaux nuages qui portent la principale lumière, terminent mieux que nous ne pouvons le rendre tout l'ensemble de cette composition. Le nom de *C. le Lorrain* seroit peut-être un éloge suffisant. Mais il est ici question d'un des ouvrages de choix & parfaits de ce Maître: nous devons sérieusement instruire quelques-uns de ceux qui nous lisent que de semblables morceaux sont aujourd'hui introuvables & d'une rareté extraordinaire; que ce Tableau précieux, qui présente à la fois toute la noblesse & toute la simplicité de la nature, n'offre rien que de clair & de distinct dans toutes ses parties, enfin qu'il est également un chef-d'œuvre aux yeux des Connoisseurs qu'il séduit, & des Artistes qu'il instruit. Haut. 37 p. larg. 48. T.

PAR LE MÊME.

141 Un autre Tableau auſſi étonnant dans ſon genre & pouvant ſervir d'oppoſition marquante en pendant au précédent ; il offre le point de vue admirable & riche d'un port de mer ; la partie droite ſe trouve entièrement occupée par un grand bâtiment de belle architecture, avec des arbres qui ſéparent une porte de ville, dont les édifices ſe diſtinguent dans l'éloignement & conduiſent l'œil à un fanal placé à l'horiſon ; du côté oppoſé eſt un fort navire à trois mats, portant ſes agrès : le rivage eſt enrichi de dix-ſept figures différamment coſtumées, parmi leſquelles on remarque des matelots occupés à retirer leurs filets au bord de la mer, tandis que des rameurs débarquent quelques paſſagers. Ce Tableau, rendu à l'effet du ſoleil couchant, eſt encore une de ces merveilles d'exécution dont la comparaiſon ſeule avec la nature peut rendre un compte exact ; les reflets de cet aſtre brillant ſe répandent ſur tous les objets avec une intelligence de clair obſcur & de dégradation de tons ſi admirables & ſi ſublimes que toute deſcription devient inſuffiſante. Haut. 37 p. larg. 49. T.

PAR LE MÊME.

[illegible] Une autre Vue de payſage dont l'effet clair & riant préſente une belle matinée d'été ; le premier plan offre une pelouſe enrichie de diverſes plantes très-achevées ; du même côté, près de pluſieurs arbres légèrement feuillés, on voit Apollon tenant sa lire & gardant un troupeau composé de 14 bœufs & vaches. Ce Personnage est assis sur un petit banc de verdure & reçoit la visite de Mercure qui est debout tenant son caducée; une rivière qui partage ce point de vue heureusement choisi laisse voir sur la gauche les ruines d'un temple d'architecture & un pont de pierre dans l'éloignement. Les figures & les animaux qui sont également de la main de *Claude le Lorrain*, laissent peut-être quelque chose à désirer pour le dessin; mais ces objets accessoirs sont dans une si étonnante harmonie de tons & d'effets que l'ensemble seul nous frappe en le considérant, & produit encore un des morceaux distingués de ce grand Paysagiste. Haut. 18 p. larg. 25. T.

SIMON VOUET.

143 La Ste Vierge tenant l'enfant Jésus dans ses bras & accompagnée d'un Ange. Ce sujet gracieux se détache sur un fond de paysage. Haut. 31 p. largeur 24. T.

SÉB. BOURDON.

144 Le Sujet de la peste : cette composition capitale dans un petit espace présente un chef-d'œuvre peut-être unique dans son genre. Sur le plan élevé d'une voute de souterain on voit plusieurs malades & mourans, tandis que Saint Charles Boromée, vu en second plan, est à genoux dans l'attitude d'une grande ferveur & implorant la clémence du Ciel. L'Ange exter-

minateur est au-dessus de ce personnage & dans le mouvement de remettre l'épée flamboyante dans le fourreau. La partie gauche du sujet est occupée par un grouppe de belles femmes dans l'attitude & l'expression de l'effroi. Ce morceau admirable dans la partie du dessin & peint avec une précision de touche vraiment merveilleuse, est aussi d'un ton de couleur générale le plus fin & le plus argentin. Il provient du Cabinet de M. Vassel où sa renommée étoit déjà bien établie. Haut. 13 p. 6 lig., larg. 16 p. 6 lig. T.

J. STELLA.

145 Un petit Tableau de forme ronde, représentant la Ste Vierge assise, tenant sur elle l'Enfant-Jesus, qui se penche agréablement pour recevoir les caresses du petit St Jean. On voit encore derrière ce grouppe intéressant la figure de Ste Elisabeth, en opposition de ton & de caractère. Ce joli morceau est vigoureux de couleur, & en même tems précieux & artistement achevé. Diamètre 7 p. 6 lig. B.

NICOLAS LOIR.

146 Un autre petit Tableau de même forme que le précédent, & pouvant lui servir de pendant; il représente la Ste Vierge tenant Jésus debout sur ses genoux, & conversant avec Joseph qui est vu dans la demi-teinte & à sa droite. Ce morceau, d'un vrai mérite, tient beaucoup de la manière & des graces

de *Pezerès* dans toute ſon exécution. Diamètre 7 p. 6 lig. T. collé ſur bois.

PH. DE CHAMPAGNE.

147 Un Tableau de la plus grande beauté pour ſon exécution ſavante ; il repréſente Moïſe vu juſqu'à mi-corps, & ſoutenant de la main droite les Tables de la Loi, tandis que de l'autre il tient la baguette avec laquelle il a frappé le rocher. Cette partie eſt achevée dans la perfection, & répond admirablement au caractère vénérable de la tête qui eſt tournée preſque de face. Il a été gravé par *Edelink*. Haut. 33 pouc. larg. 26. T.

LE NAIN.

148 Le Portrait d'un jeune garçon vu de trois quarts & coëffé en cheveux plats, ajuſté d'un corſage dans le coſtume du tems. Ce morceau porte un grand caractère de vérité. Haut. 13 p. larg. 9. B.

CHARLES DE LA FOSSE.

149 La Magdeleine pénitente proſternée aux pieds de Jéſus-Chriſt. Diverſes autres figures forment acceſſoires au ſujet, dont la compoſition eſt ſagement rendue. Ce morceau, d'un ton de couleur chaud & vigoureux, provient de la riche Collection Françoiſe de M. *de la Live*. Haut. 27 p. larg. 22. T.

F Lemoine.

150 Une Vue de payſage pittoreſque, composée d'une haute montagne où ſerpentent pluſieurs chemins mêlés de fabriques & quelques arbres. Sur la partie gauche on remarque une caſcade qui tombe dans un fond & bouillonne ſous un petit pont de bois. Le premier plan à droite eſt garni d'un bel arbre légèrement feuillé. Ce morceau, touché avec autant de goût que de facilité, eſt enrichi de diverſes petites figures ſavamment indiquées. Haut. 23 p. larg. 30 p. T.

L. de Boullogne.

151 Saint Siméon tenant l'Enfant Jeſus ſur ſes bras, dans le moment qu'il invoque le ciel avant la circonciſion. Ce ſujet, composé de quinze figures principales, préſente l'un des morceaux recommandables de cet Artiſte : une belle diſtribution des lumières & des ombres s'accordent à la touche la plus ſavante ; l'empâtement de couleur & l'harmonie de l'enſemble préſentent une heureuſe imitation des plus beaux ouvrages de *Rembrantz*. Haut. 38 p. larg. 28. T.

Bertin.

152 Jeſus-Chriſt faiſant la Cène & lavant les pieds à ſes Apôtres. Cette compoſition, d'une belle ordonnance & nombreuſe en figures, préſente un des ouvrages de

choix & achevé de cet Artiste distingué dans notre Ecole. Haut. 18 p. larg. 26. B.

J. B. OUDRY.

153 Un Tableau d'une grande vérité d'exécution, représentant deux beaux chiens de chasse qui gardent du gibier dans un paysage. Hau. 15 p. larg. 18. B.

LARGILLIERE.

154 Le Portrait vu jusqu'aux genoux & de face d'une belle Vénitienne dans un costume d'habillement aussi riche que pittoresque; elle a la tête couverte d'un très-large chapeau garni de gaze & dentelle noire, tenant sur bras un petit chien épagneul noir & blanc de la plus jolie espèce. Le fond de ce Tableau, admirablement peint, offre des parties de paysages sacrifiées dans la demi-teinte pour servir davantage à faire ressortir la carnation fraîche & brillante de cet admirable Portrait. Haut. 48 p. larg. 36 p. T.

PAR LE MÊME.

155 Le Portrait de cet habile Coloriste par lui même. Cette figure est représentée presque de face, ayant sur la tête un petit bonnet de basin artistement paré, il est vêtu d'une large veste de velours aurore foncé, portant ses deux mains sur un porte-feuille, & dans l'une d'elles, il tient un porte-crayon. Il a été très-curieux de rassembler en pendant à ce beau morceau

le Portrait de Rigaud, N° 256 ci-après. Haut. 33 p. larg. 27 p. T.

Hyacinthe Rigaud.

156 Le Portrait de cet Artiste par lui-même. Il s'est représenté la tête tournée de trois quarts, & simplement couverte d'un petit bonnet de taffetas noir, dans un habillement pittoresque composé de belles draperies de couleur gris de lin, & portant sa main gauche sur des vieux portes-feuilles de parchemin artistement présentés. Cette belle figure vue jusqu'à mi-corps près d'une table est peinte avec toute la force & la précision que ce grand peintre de portraits a toujours employé avec succès. Haut. 33 p. larg. 26. T.

Par le même.

157 Un autre Portrait d'homme, de grandeur naturelle, vu de trois quart & jusqu'aux genoux. On croit qu'il représente le célébre Architecte Pérault, ordonnant quelques choses de son art ; ce qui paroit indiqué par le geste de sa main gauche. Sa tête est coëffée de cheveux naturels dans lesquels est ajusté un fichu noir ; le reste de l'habillement, largement drappé, se trouve entièrement sacrifié de ton pour laisser briller les formes du visage & la grande force du coloris. Haut. 48 p. larg. 36. T.

Detroye.

158 Un Portrait d'homme, vu de trois quarts & de

grandeur naturelle jusqu'aux genoux & assis, tenant une guitarre qu'il est dans l'attitude d'accorder. Ce personnage dans un habillement brunâtre, relevé de boutonnières & boutons d'or, selon l'ancien costume, est coëffé d'une large perruque naturellement bouclée. Haut. 50 p. larg. 39. T.

JEAN GRIMOU.

159 Le Buste d'une belle fille vue de face, ayant les épaules couvertes d'un habillement dans le style espagnol. Ce joli Tableau présente une des Etudes la plus gracieuse de *Grimou*, qui semble, par la richesse du ton de couleur, avoir voulu imiter la manière de *Rambrantz*. Haut. 17 p. larg. 14. B.

PAR LE MÊME.

160 Un Tableau de forme ovale représentant le portrait de *Grimou*, par lui-même; il est vu de trois quarts, coëffé de petits cheveux griseâtres & ajustés d'une fraise qui se détache sur un habillement noir garni de fourrure. Haut. 21 p. larg. 17. B.

J. B. SANTERRE.

161 Deux Tableaux très-gracieux d'exécution, représentans différens bustes de jolies femmes dans des costumes de caractère pour le bal. L'une est ajustée en pellerine ayant la tête couverte d'un voile noir, l'autre sous les habillemens d'une courtisanne espa-

gnole, tenant un masque. Haut. 24 p. 6 lig. larg. 20 p. 6 lig. T.

J. LANCRET.

162 Deux Tableaux offrans différens sujets agréables & champêtres; dans l'un on voit une compagnie de personnages, dont les uns s'amusent de conversation, d'autres à danser. Le pendant présente un sujet de la chasse à la pipée; les fonds de paysages dans ces deux morceaux amusans sont de la touche la plus légère & d'un ton de couleur argentin & vrai. Haut. 11 p. 6 lig. larg. 14 p. 6 lig. B.

J. B. PATER.

163 Deux Tableaux offrant des sujets champêtres dans différens lieux de paysages agréables; dans l'un on compte sept figures de femmes qui se disposent à se baigner & forment les grouppes les plus gracieux; on voit encore deux hommes dans la demie teinte qui prennent grand intérêt à cette partie de plaisir; le second morceau présente une Compagnie de dix personnages qui prennent une colation; la plus grande partie sous divers habillemens de caractère. Ces Tableaux très-fins de touche & d'un bel émail de couleur, sont d'un bon choix dans les ouvrages nombreux de *Pater*. Haut. 8 p. 6 lig., larg. 11 p. 6 lig. T.

CHARDIN.

164 Une composition très-naturelle représenté dans un intérieur

intérieur de chambre de menage, vers le milieu du sujet on voit une bonne gouvernante, occupée de servir le diné à deux enfans, fille & garçon; la jeune fille est assise a table sur une grande chaise de tapisserie, tandis que son petit frere, ajusté d'un toquet rouge, semble dire son bénédicité. A la droite on remarque encore un garçon vu par le dos, coëffé d'nn bonnet de leine, & tenant un plat dans ses mains. Les ouvrages du grand Coloriste *Chardin* ont une vérité de nature si juste, qu'il occupe par cette considération un rang distingué dans l'Ecole Françoise, malgré qu'il n'ait traité que des sujets de genre & de nature morte. Haut. 19 p., larg. 25 p. T.

CARLE VANLOO.

165 Un des Tableaux le plus aimable qui soient sortis des mains de ce Maître; il représente l'Amour dans un buisson de rose & tendant son arc pour en diriger un trait. Le point de perspective est si exactement combiné que de tel côté que se tourne le spectateur la flèche & le regard de cette charmante fignre portent sur lui On ne sauroit rien présenter de plus gracieux en peinture, ni de plus heureusement rendu dans toutes ses parties. Il est gravé sous ce titre bien caractérisé : *le Pouvoir de l'Amour*. Haut. 42 p. l'arg. 32. T.

PAR LE MÊME.

166 Une Composition de huit figures de caractère offrant le sujet du contrat de mariage d'une belle femme dans les habillemens d'une sultane; l'Artiste a pris le moment de la signature de l'acte & de la présentation des bijoux. Ce morceau, très-vigoureux de couleur & touché en grand Maître, présente un des ouvrages de choix de *Carle Vanloo*. Haut. 17 p. larg. 14. B.

PAR LE MÊME.

167 Un Tableau dans le style de *Benedette*, offrant un point de vue de paysages montagneux, dont la partie droite est occupée par une masse de roches, avec lesquelles est artistement grouppé un vieux chêne garni de branchages tortueux & de ses feuilles. Le premier plan, dans un chemin creux, laisse voir une belle marche d'animaux qui sont conduits par des villageois. On y remarque une jeune femme assise sur un cheval blanc & causant avec un pâtre qui est derrière un âne chargé de divers ustensiles en cuivre à l'usage d'une ferme. Ce morceau, d'un bon empâtement de couleur, est clair & brillant dans toutes ses parties; les Amateurs y reconnoîtront une des bonnes productions de notre Ecole. Haut. 49 p. larg. 91. T.

F. BOUCHER.

168 Une Vue de paysage pittoresque, qui paroît être prise du côté de la petite rivière des Gobelins. La partie droite est occupée par une chaumière servant de moulin à eau. Différens détails & petites figures touchées avec un goût admirable, contribuent à former un ensemble amusant & naturel. Haut. 19 p. larg. 24. T.

PAR LE MÊME.

169 Un autre Tableau de même mesure que le précédent; il représente également le point de vue d'un riche

paysage, dans le milieu duquel se voit un pont qui conduit à un colombier.

J. B. LEPRINCE.

170 Deux Tableaux très-gracieux, composés chacun de cinq personnages dans des intérieurs de riches appartemens; l'un représente le sujet d'un Médecin aux urines; l'autre une proposition de mariage. Ces deux morceaux, peints avec facilité, présentent toutes les figures dans des habillemens russes, dont la variété des étoffes produit un effet très-intéressant. J. B. *Leprince* est favorablement classé parmi les Artistes les plus distingués de notre Ecole, & les deux compositions que nous présentons aux Amateurs justifient cette réputation par leur agrément & leur exécution. Haut. 27 p. larg. 33. T.

JOSEPH VERNET.

171 Deux Tableaux offrant différentes vues de mer; l'un pendant un calme à l'effet du soleil couchant, l'autre présentant une tempête pendant une matinée orageuse. Le premier présente une grande tour quarrée, avancée dans la mer, & au bas de laquelle des marins sont occupés à radouber un navire. On compte sur le premier plan à droite, quatorze belles figures de marchands & matelots occupés d'objets de commerce; dans l'éloignement sur la gauche, on distingue la vue d'un port près d'une ville; l'autre tableau, d'un effet bien contrasté, représente une tempête & la suite d'un orage qui a fait naufrager un bâtiment contre des rochers qui occupent le premier plan. Un groupe

de quatre figures, analogues à cette ſcène déſaſtreuſe, produit l'effet le plus ſavant dans le milieu de la compoſition; on voit encore des matelots occupés à ſauver des débris; une maſſe de rocher, placée à la gauche & ſurmontée de fabriques, forme une oppoſition ſavante & du plus grand effet; à droite une barque remplie de paſſagers eſt encore batue par la tempête, & plus loing un bâtiment à voile. Ces deux morceaux peints en Italie, dans la plus grande force de *J. Vernet*, ſont d'une touche ferme & ſavante, dignes d'être comparé aux plus beaux ouvrages de *Salvator*, qu'il s'eſt plu à prendre pour guide pendant les cours de ſes études en Italie. Haut. 22 p. larg. 41. T.

PAR LE MÊME.

172 Un autre Tableau de la plus étonante harmonie de couleur & d'une dégradation de perſpective la mieux ſentie; il repréſente une grande étendue de mer dont la partie gauche eſt occupée par un fort avancé, ſervant de port où pluſieurs navires ſont en retraite & d'autres pour radouber; le premier plan offre un rivage pierreux, où l'on compte treize figures formant différens groupes; on diſtingue trois de ces perſonnages qui cherchent à démarer leur bateau & un autre qui pêche a la ligne; ſur la gauche on diſtingue encore un beau vaiſſeau à trois mats & à l'ancre, ayant toutes ſes voiles repliées; ſur l'horiſon dans la vapeur, on apperçoit quelques barques & chaloupes. Ce tableau, dont l'effet eſt pris à l'heure du ſoleil couchant, eſt vraiment magique; il eſt une de

ſes études heureuſes & ſavantes de l'incomparable *Vernet* dans ce genre pendant ſon voyage d'Italie. Haut. 14 p. 6 lig. larg. 23 p. 6 lig. T.

J. B. Greuse.

173 Un des Sujet le plus gracieux qui ſoit ſorti des mains de *J. B. Greuſe ;* il repréſente une jeune Menagère du caractère de tête le plus gracieux, conſidérant ſon enfant qui eſt debout devant une petite table pour manger ſa ſoupe, & qui en donne une cuillerée à un grand chien de belle race placé ſur le devant de la compoſition. Ce morceau de la plus grande fineſſe de ton & peint avec toute la grace & le charme néceſſaire au ſujet, a été gravé par ſous le titre de l'Enfant gâté. Haut. 24 p., larg. 20. T.

Par le même.

174 Un Sujet de trois figures de villageois dans un intérieur de chambre baſſe ; le principal perſonnage de cette compoſition naturelle préſente ſur la gauche un vieillard vénérable & aveugle, tenant la main de ſa fille dans les ſiennes, tandis qu'un jeune payſan remonte d'une cave en tenant à ſa main un pot de bierre. Ce morceau admirable préſente une des époques la plus brillante pour la réputation de ſon Auteur. Il n'eſt pas poſſible de rendre un ſujet de ce genre avec plus de vérité & de perfection, on y admire encore une fineſſe d'exécution, & un ton de couleur chaud & vigoureux, digne des plus ſavans ouvrages Flamands. Il eſt gravé par

fous le titre de l'Aveugle trompé. Haut. 23 p., larg. 19 p. T.

PAR LE MÊME.

175 Une Etude des plus heureufes & des plus vraies, offrant un jeune écolier vu à mi-corps & appuyé fur une table où il s'eft endormi en tenant fon livre de leçons ouvert dans fa main droite. Ce Tableau d'une couleur admirable & naturelle, eft encore par fa belle touche ferme & favante une de ces productions qui ont contribué à la haute renommée de *J. B. Greufe.* Nous croyons qu'il faifoit partie de la Collection de M. de la Live. Haut. 24 p., larg. 18 p. T.

PAR LE MÊME.

176 Un Bufte de femme du caractère le plus intéreffant, & dont l'expreffion pourroit indiquer la mélancolie. Cette belle figure eft repréfentée de trois quarts dans un habillement négligé d'un corfet blanc, relevé d'un mouchoir de foie noire; fa tête un peu inclinée eft couverte d'un fichu de gaze qui retombe fur fon front & porte fur cette partie un ton de demi teinte agréable. Ce morceau admirablement peint eft du meilleur choix parmi le grand nombre d'études marquantes qui font forties des mains de cet Artifte. Haut. 17 p., larg. 14 p. T.

CASANOVA.

177 Une Vue de payfage dont la partie gauche eft entièrement occupée par une grande maffe de roches mêlée de fabriques & d'arbres. Le premier plan, dans le milieu du fujet offre un perfonnage vêtu de

rouge qui se repose tandis que le cheval blanc qu'il montoit s'abreuve dans un courant d'eau ; on voit encore plus loin & dans la demi-teinte une femme assise sur un cheval, & un pâtre qui conduit quelques moutons. Ce morceau vigoureux de couleur est d'une touche hardie, qui présente avec force le grand talent de ce Peintre. Haut. 26 p. larg. 21. T.

VOLAIRE, *Disciple de Vernet.*

178 Quatre Tableaux de mêmes forme & mesure, représentant les quatre heures du jour sous différens sujets de marine & de paysages avec diverses figures analogues & avantageusement distribuées. Ces morceaux, peints avec hardiesse & précision, offrent des productions intéressantes de cet Elève distingué du célèbre Vernet. Haut. 20 p. larg. 26. T.

PAR LE MÊME.

179 Deux autres Tableaux du plus grand effet & marquant parmi les productions de cet Artiste de mérite ; l'un représente une vue des Cascatelles de Tivolie, l'autre un incendie considérable dans un port de mer, ils sont tous deux ornés de figures qui caractérisent parfaitement les différens sujets. Haut. 34 p. larg. 49 p. T.

Tableaux de places provenans de panneaux & dessus de portes.

TRÉMOLIERE.

180 Deux Tableaux de forme chantournée, composés chacun d'une figure de grandeur naturelle, caractéri-

ſant, par leurs attributs, la Tragédie & la Comédie. Ces deux morceaux, d'un pinceau large & ſavant, proviennent de panneaux de boiſerie. Haut. 48 p. larg. 60. T.

PAR LE MÊME.

181 Deux autres Tableaux également ſasn cadres & chantournés; l'un repréſente la Poéſie, l'autre la Muſique, perſonnifiées par de belles figures de femmes. Hauteur 45 p. larg. 48. T

PAR LE MÊME.

182 Deux autres Tableaux auſſi largement peints & gracieux; l'un repréſente une figure de Minerve, l'autre un génie. Haut. 48 p. ſur 56, priſe dans la partie la plus large.

BOIZOT.

183 Trois grands Tableaux compoſés de figures de femmes en partie drappées, caractériſant la Peinture, la Sculpture & l'Architecture, avec acceſſoires & attributs analogues. Haut. 54 p. larg. 60. T.

Tableaux de différens Maîtres.

184 Environ ſoixante Tableaux de différentes formes & de tous genres, dont une grande partie ſans bordures pluſieurs rouleaux & toiles, &c., dont on formera les premiers articles des ſéances de vente.

Figures & Buſtes de marbre, antiques & modernes, Fragmens antiques, Figures de terre cuite.

185 La figure d'un Conſul repréſenté debout avec les attributs qui le caractériſent, dans la proportion de *quatre pieds & demi.* Ce morceau a été rapporté de Rome, avec la Renommée que le torſe preſque juſqu'aux genoux, eſt antique. Le ſurplus a été reſtauré.

186 Une autre figure de *cinq pieds* de hauteur repréſentant Mercure. Ce morceau, mutilé dans la partie de la main gauche, nous préſente une ancienne copie de l'antique.

187 Bacchus, repréſenté debout, tenant ſon tirce de la main gauche, & s'appuyant de l'autre ſur un tronc d'arbre. Cette figure porte 38 p. de hauteur.

188 Hercule dans ſon berceau étouffant des ſerpens. Cette figure d'enfant eſt de grandeur naturelle.

189 Une figure de femme nue en marbre blanc, couchée ſur un matelas du même bloc. Ce morceau, très-mal conſervé, porte de longueur 46 pouces.

190 Pluſieurs buſtes d'Empereurs & autres de différentes

proportions dans le ſtyle antique; la plus grande partie reſtaurée ; un centaure & autres pièces en terre cuite, & divers objets de ce genre qui feront détaillés lors de la vente ſous ce N°.

191 Une belle figure en marbre blanc, proportion de 30 pouces, caractériſant l'innocence. Ce morceau nous paroît être une copie bien ſoignée d'une pareille figure par *Caffiery*.

192 Une autre figure de même proportion, belle copie du jeune faune antique, tenant une biche, & appuyé ſur un tronc d'arbre. Haut. 32 pouces.

193 Un fort buſte en marbre blanc, portrait de Voltaire, avec piédouche, & plinthe quarré de même marbre.

194 Un autre buſte, portrait du Maréchal de Villars.

195 Deux petites figures de femmes aſſiſes dans des attitudes agréables, ſur des terraſſes du même bloc; l'une eſt repréſentée tenant le carquois de l'Amour dans ſa main droite, tandis qu'elle conſidère des roſes qui ſont à ſa gauche. Le pendant offre une jeune Bacchante qui ſe diſpoſe à manger des raiſins, Ces deux morceaux gracieux & d'une bonne exécution, ſe trouvent placés ſur des ſocles ovales en cuivre doré.

196 Deux jolis grouppes, compoſés chacun de trois

enfans; les uns s'amusent à jouer à la main-chaude, les autres au cheval fondu. Ces petits morceaux, agréablement terminés, sont placés sur des socles de pareil marbre blanc à moulures & de forme ovale allongé. Hauteur totale 10 pouc. 6 lig.

---

197 Plusieurs Bustes & Figures de jardin en marbre blanc, dont parties sont avec leurs gaines, telles que les quatre parties du Monde, caractérisées de leurs divers attributs, &c. qui seront détaillés sous ce Numéro.

Figures en stuc.

198 Deux superbes grouppes de stuc blanc, composés chacun de deux belles figures de femmes vues debout & rapprochées, ayant les bras exhaussés pour soutenir une vasque remplie de fruits. Ces deux morceaux, de la forme la plus élégante & de proportion forte comme nature, sont deux chef-d'œuvres des composition en ce genre de M. *Clodion*; ils sont admirablement reparés, & portent 7 pieds de hauteur totale.

Nota. Les modèles en terre-cuite & de petite forme ont été vendus au mois de Mars dernier à l'Hôtel de Ballion. Voyez les Nos 127 & 128 du Catalogue de M. ***.

199 Deux jolies figures de femmes, de proportion comme nature & légerement drappées, portant des cornets d'abondance d'où sortent des tiges de lys en cuivre ciselé, mis en couleur d'or & à cinq branches formant torchères; elles sont placées sur des futs de colonnes aussi de stuc, imitant le granit. Haut. totale 9 pieds 6 pouc.

200 Deux autres figures pareilles, avec leurs girandoles & placées sur de pareils futs de colonnes. Hauteur totale 9 pieds 6 pouc.

Grouppes, Figures & Bustes de bronze.

201 Le grouppe du Toreau Farnese, très-beau bronze d'une bonne fonte, bien réparée. Ce morceau, de caractère, est placé sur un socle de bois d'ébène de 5 pouces de haut, à panneaux renfoncés, ornés de frises à rinceau d'ornement, avec moulures haut & bas. Haut. totale 23 pouc. 6 lig.

202 Deux grouppes d'une précieuse fonte, composés chacun de trois figures, sujets d'enlèvement, dont celui de Proserpine par Pluton. Ces deux morceaux élégans par leurs formes & leur proportion, sont du plus beau choix dans ce genre; ils sont placés sur des socles de marbre, à moulures, qualités de vert d'Egypte. Haut. totale 24 pouc.

203 Deux autres grouppes en bronze d'une belle fonte & parfaitement réparés; l'un représente le sujet de Prométhée enchaînée par Mercure, sur le Mont Caucase; l'autre morceau présente Apollon attachant le satyre Marsias à un arbre. Les figures peuvent avoir 16 pouces de proportion.

204 Une figure de l'Amour, proportion de 14 pouces, & ajusté de son carquois; il est soutenu en l'air par une attache qui tient à un tronc d'arbre, adhérent à une terrasse de même matière; le tout est porté sur un socle de bois noirci.

205 Deux bustes d'enfans, garçon & fille, coëffés en cheveux. Ces morceaux, bien réparés, sont placés sur des socles à moulures, garni haut & bas de petits cercles en cuivre doré.

206 Une petite figure d'Hercule sur socle carré de bois noirci.

207 Deux petits bustes en bronze doré au mat, représentant les portraits très-ressemblans de *Voltaire* & *J. J. Rousseau*. Ils sont placés sur des petits futs de colonnes en marbre blanc à moulures, avec pieds ronds en cuivre doré. Haut. 9 pouces, compris les cages de verre.

Vases & Tables de porphyre, de serpentin, de granit rose, granit vert, prime verte, albâtre, granit des Vosges, &c. &c.

208 Une très-beau & fort vase de porphyre rouge, forme d'urne, parfaitement rond & évidé de toute sa profondeur ; une gorge en voussure, peu sensible, finissant par une moulure en quart de rond, se trouve rapporté avec une grande précision en pareil matière. Cette partie est surmontée d'un bandeau de cuivre à jour pour supporter le couvercle. Des anses d'un genre simple, qui se prolongent jusqu'au piédouche, également en beau porphyre & rapporté, contribuent à l'ornement de ce beau morceau, sans nuire en rien à la perfection ni à la pureté de la forme. Le tout est placé sur une plinthe carrée en cuivre, aussi parfaitement doré que les autres accessoires. Hauteur totale 18 pouces.

209 Un petit vase, forme d'œuf, en porphyre rouge; il est garni d'un large collet à cannelures avec anses en feuillages d'achante, culot uni & plinthe en cuivre doré. Ce morceau, qui a une fracture sensible, est porté sur un socle carré de même porphyre. Haut. totale 8 pouces 9 lignes.

210 Deux petits futs de colonnes en porphyre rouge, de bonne qualité, garnies de pieds à feuilles d'achante,

avec petits panneaux, fond ſablé, diviſé au pourtour & ſizelé en cuivre doré. Haut. 6 pouces.

211 Deux vaſes de marbre ſerpentin de belle qualité & parfaitement travaillés, ils ſont de forme d'œufs allongés, terminés de collets en vouſſures, avec anſes évidées priſes dans la maſſe; couvercles & piédouche de même matière, & garnies de pieds à petits torts de laurier, cannelures tronquées & moulures en cuivre doré au mat. Haut. 15 pouces.

212 Deux vaſes précieux en prime verte, forme d'œufs allongés, couverts & évidés; ils ſont garnis de piédouches, boutons ſur les couvercles, avec gorge à jour & maſques de faunes ſur les côtés, en cuivre ſizelé & doré, le tout porté ſur des ſocles carrés de mêmes matières, encadrés de cuivre doré. Hauteur totale 15 pouces.

213 Deux vaſes d'une belle qualité de granit vert, heureuſement nuancées de petits cailloutages blancs; ils ſont forme d'œufs avec bandeau renfoncé dans le haut qui ſe trouve orné d'une friſe de genre arabeſque à jour & maſcarons marquant les milieux; un collet en vouſſure pris dans le bloc termine le haut de ces deux morceaux, qui ſont ſur piédouches de même matière, avec ſocles de porphire rouge & plinthes richement ouvragées en cuivre doré au mat. Haut. totale 13 p. 9 lig.

214 Deux ſuperbes Tables de granit roſe oriental de

19 lignes d'épaisseur sur 54 pouces de longueur, & 30 pouc. de profondeur ; elles sont portées sur des pieds de marbre blanc, ajustées de colonnes à chapitaux, bases & moulures d'entablement en cuivre cisele'é & doré; ces deux meubles, pouvant servir de bibliothèque, sont garnis de six tablettes en marbre, & sont placés sur un grand socle plaqué en marbre bleu turquin.

215 Deux beaux Vases de granit rose, de forme oblongue, avec couvercles & piédouche; ils sont garnis de gorge à jour avec des anses en consoles, à têtes de femmes. Haut. totale 14 pouces. Ces morceaux de belle qualité & d'un beau poli proviennent de la collection de *Randon de Boisset.*

216 Deux moyens Vases de granit rose oriental, forme d'œufs tronqués, garnis de gorges à feuilles d'accante, avec figures de petits enfans tritons marquant les anses, ils sont couverts de même matière, & les piédouches sont ornés de tors de laurier & plinthes en cuivre doré. Haut. totale 9 pouces.

217 Deux belles Coupes rondes, de forme antique & bien évidées, en marbre serpentin de couleur rougeâtre, avec piédouches & plinthes de même matière. Diamètre 11 pouces 4 lig. N° 408 du Catalogue de la vente de M. *Lebrun.*

218 Deux Vases, forme de nacel, en albâtre oriental, de la plus riche couleur; ils sont garnis de gorge à jour avec masques de faunes marquant les anses & portés

portés chacun sur des pieds à quatre poissons, nommés dauphins, & ajustés sur des plinthes de pareille albâtre. Haut. 15 p. larg. 16.

219 Deux moyens Vases, de forme alongée en marbre, lumakelle, avec couvercle & piedouches de même matière ; ils sont garnis de petites gorges a jour, avec des anses carrees qui se terminent par des masques de faunes. Haut., compris la plinthe en cuivre, 10 pouces.

220 Deux vases de marbre vert d'Egipte, forme de cassolette, garnis de gorges à jour, chainons en guirlandes, boutons à pommes de pin, avec pieds quarrés à moulures, le tout en cuivre doré.

221 Deux serpens en marbre, ou jaspe vert grouppés sur un rocher d'albatre Orientale, avec branchages figurans des plantes ; ce morceau, curieux dans son genre, est placé sur un beau socle rond en porphyre rouge de 24 lignes d'épaisseur sur 14 pouces de diamètre.

222 Deux futs de colonnes, cannelés en marbre jaspé gris clair, espèce de bleu turquin, ils sont ornés de tiges de chênes & graines, avec larges tors à moulure & entrelas, le tout parfaitement ciselé & doré d'or moulu, portés sur un socle de marbre d'Italie, de 5 pouces d'épaisseur & supportes par quatre boulles en cuivre ; ces morceaux d'une proportion régulière, dans le genre de colonne tronqué, sont encore plu-

cés sur des socles de bois peints, & surmontés d'un socle rond de 18 lignes d'épaisseur en beau marbre breche violet. Hauteur total 39 pouces 6 lignes.

223 Deux forts vases en granit vert des Vosges ; ils sont d'une belle forme allongée, terminés de colets en voussure, & garnis de grosses têtes de beliers, marquant les anses. Hauteurs 26 pouces, compris leurs plinthes en granit gris.

224 Deux autres vases de forme antique, de pareille matière, avec larges bandeaux saillans pris dans la masse & au pourtour; terminés dans le haut avec une gorge en voussure, pieds douches racourcis dans le style Egyptien avec plinthes de même matière.

225 Deux forts vases de granit rose; le haut de l'ouverture à bec de corbin entre deux listels; la gorge s'élargissant vers le corps du vase, qui est separé du bas par un listel renfoncé détachant le culot; ils sont sur pieds douche de même matière, & garnis de serpens en bronze doré formant les anses; hauteur 47 pouces, diamètre 32 pouces, y compris la saillie des anses. N° 413, de la vente de M. Lebrun du mois d'Avril 1791.

226 Deux autres forts vases de même matière que les précédens, & à-peu-près de même forme, mais de couleur plus foncee ; les couvercles, à pommes de pin de même sortes, se terminent en doucine vers le haut de la gorge qui est à bec de corbin entre

les deux listels; la gorge allongée s'élargissant sur le corps du vase, où sont assises deux femmes, ou Nayades en bronze doré, dont les jambes sont en queues de poisson; ils sont sur pied douches de même matière, & socles quarrés en bronze doré; hauteur 42 pouces, diamètre 30 pouces. N° 414 de la même vente.

Coupes & tasses d'Agate Orientale, de Cornaline, de Grenat, de Jaspe, de Jadde, d'Agate d'Allemagne, &c.

227 Une belle coupe d'Agate orientale & de forme ovale, garnie d'un léger pied de genre arabesque, avec plinthe à huit pans très-riches, décorée de mufles de lions & autres ornemens. Ce morceau, du meilleur goût pour le genre de sa garniture est aussi d'un beau choix pour le ton & la pâte de l'agate.

228 Une autre belle coupe, aussi orientale, à-peu-près de même forme que la précédente. Elle est garnie d'anses de serpens, avec pied-douche de la même matière & travaillés à moulures dans la masse, le tout est ajusté sur un riche pied à mufles & griffes de lion. Ce morceau très-élégant par le goût de sa monture peut servir de pendant à l'article précédent.

229 Deux jolies coupes orientales ajustées d'anses de serpens & placées sur des petits futs de colonnes en por-

phyre rouge, garnies de tors & bafes en cuivre doré au mat, ainfi que les autres ornemens.

230 Deux autres petites coupes orientales de forme ronde & de belle pâte montées en vafes & fimplement garnies d'un bord à corde & muffle de lion marquant les anfes, le tout porté fur des tronçons de colonnes en porphyre rouge avec leurs tors & bafes en cuivre doré au mat.

231 Quatre taffes de belle pâte orientale, garnies chacune d'un fimple petit cercle en or, avec leurs foucoupes de même qualité.

232 Une petite Coupe très-précieufe en grenat légèrement monté fur un joli pied de genre arabefque en cuivre doré au mat, avec petite plinthe de marbre.

233 Une belle coupe d'agate d'Alemagne de ton rougeâtre, elle eft de forme ovale & garnie de bords à cordes, muffles de lion, guirlandes de petits chaînons & pieds en cuivre doré au mat.

234 Une autre coupe auffi d'agate d'Alemagne, de ton clair, même forme & garniture que la précédente.

235 Deux petits Plateaux formant pendant, l'un d'agate œuillée, l'autre de jafpe fleury, tous deux légèrement montés en forme de trépieds, en cuivre doré au mat.

236 Une très-petite Taſſe & ſa ſoucoupe en agate cornaline de ton clair.

237 Une jolie Coupe ovale en agate herbée, de ton verdâtre, parfaitement évidé & du plus beau travail.

238 Une Coupe de jades, de ton clair, avec anſes de feuillages artiſtement travaillées dans la maſſe.

239 Une autre pareille à la précédente.

Riches Meubles de Marqueterie, par BOULLE, *& autres de ce genre.*

240 Une ſuperbe Comode figurant un ſarcofage ; elle eſt en marquetterie première partie, par le célèbre *Boulle*, & l'on peut dire ſon chef-d'œuvre dans ce genre de meuble, où il a ſurpaſſé tous les Artiſtes de ſon tems ; elle eſt compoſé de deux tiroirs, garnies de mains agraffes & têtes d'aigles, un entablement ſurmonté d'un autre corps élevé de 3 pouces 6 lignes, ſert à recevoir une table de porphire de belle qualité, portant 39 pouces 3 lig. de longueur, 22 pouces 3 lig. de profondeur & un pouce d'épaiſſeur ; le tout ſupporté par quatre pieds iſolés richement ornés de figures de femmes aîlées, terminées en griffes de lions, une double force de quatre autres pieds qui finiſſent en vis de limaçon contribuent par leur contraſte à l'élégance & à la perfection de ce meuble diſ-

tingué ; il en eſt ſi peu connus de cette eſpèce que nous croyons devoir indiquer qu'il eſt le même provenant de la belle vente de feu M. de Morigni. Hauteur totale 36 pouces, larg. 49, profondeur 24.

241 Deux armoires quarrées ouvrant chacune à deux venteaux, en marquetierie, ſeconde partie, cuivre & écail, les panneaux de la face ſont orné de figures & guirlandes, de médailles hiſtoriques auſſi parfaitement dorées que les montures équiers, maſcarons, roſettes, &c. qui ſont diſtribués avec avantage pour l'ornement & la richeſſe de ces deux morceaux garnis de tablettes dans l'intérieur & fermant à clef. Haut. 3 pieds 11 p., largeur 3 pieds 10.

242 Un très-beau bas d'armoire diviſé en trois parties fermant à clef, le panneau du milieu formant avant-corps eſt en marqueterie ; ſeconde partie décorée d'une figure en bas-relief, accompagnée de deux chûtes en cuivre doré, les deux autres panneaux ſont garnis de glaces avec encadrement de moulures ; l'entablement eſt formé d'une large moulure à ove qui ſupporte un deſſus de beau marbre griotte d'Italie. Ce meuble de bon genre, dans le ſtyle de *Boule*, eſt orné de grandes équierres, moulures, roſettes, &c. &c. en cuivre ciſelé & doré, le tout eſt porté ſur huit pieds bien détachés, & contribue à la beauté de l'enſemble. Haut. 37 p., larg. 54, profondeur 16.

243 Deux belles & fortes gaines en marqueterie de *Boule*, ſeconde partie ornée de rinſeaux d'ornemens,

moulures, feuilles d'acante & quart de rond, avec tablier fond d'écaille bleue, marqueterie en étain, entourée de franges, le tout bien cizelé & doré d'or moulu. Ces meubles dans le plus bel état, & d'une grande richesse, bien raisonnés pour les cabinets où l'on veut placer des curiosités, portent de hauteur 3 pieds 11 p.

244 Une très-belle commode en marqueterie, première partie par *Boulle*, composée de trois tiroirs avec entablement & pilastres. Ce meuble enrichi de masques, moulures d'encadrement en cuivre doré d'or moulu, est porté sur 8 pieds, dont quatre tournés en vis de limaçon, avec dessus de marbre brèche violet de 18 lignes d'épaisseur. Hauteur totale 37 pouc. larg. 53 pouc. & profondeur 20 pouc.

245 Une commode à deux tiroirs, forme de bureau en marqueterie, par *Boulle*, seconde partie, garnie de quart de rond, moulures, masque de Faune & autres ornemens en cuivre doré d'or moulu.

246 Deux charmans meubles, nommés Cabinets en marqueterie, cuivre & étain, première partie, sur un fond d'écail; ils sont de forme carrée régulière, chacun a un venteau avec entablement, orné de larges feuilles d'achante, & porté sur quatre pieds en gaine droite. Ces morceaux, enrichis de moulures & mascarons, sont composés dans le meilleur goût par de très-habiles Ouvriers en ébénisterie qui

ont suivi la manière du célèbre *Boule* si exactement, qu'il faut être prévenu de la différence; ils sont aussi couverts de beaux dessus de marbre de Sicile plaqué, portant 12 lignes d'épaisseur. Haut. 35 pouc. larg. 29, profondeur 17.

247 Deux autres jolis meubles, même forme & proportion en marqueterie, cuivre & ébène, seconde partie avec pilastre à avant-corps & richement garni de moulures, mascarons & rosettes, parfaitement ciselé & doré d'or moulu, avec dessus de marbre griotte d'Italie de 12 lignes d'épaisseur. Haut. 36 pouc. larg. 25, profondeur 14.

248 Un très-grand bureau de marqueterie de *Boule*, seconde partie, à trois tiroirs, dont celui du milieu renfoncé en arrière-corps, orné de baguettes, moulures, masques sur les angles & sur les milieux, accompagné de son caisson, surmonté d'un sert-papiers de même genre, portant une Pendule du nom de Martin, à Paris, dans sa boëte de forme carrée, avec figure de femme assise sur le côté désignant l'Etude, & un Génie, le tout en cuivre ciselé doré d'or moulu. Longueur du bureau & du caisson ensemble 7 pieds 5 pouces; largeur du bureau 42 pouces; hauteur du caisson, jusques & compris la pendule, 5 pieds 6 pouces.

249 Un autre petit bureau en ébène, avec platte bande, fond sablé & doré au pourtour de la table, filets, rosettes, guirlandes & petits sabots en cuivre doré. Longueur 54 pouces, largeur 27 pouces.

250 Un autre bureau ancien de marqueterie, en bois de placage, genre de *Cressent*, à fleurs & fonds de mosaïque, en forme de tombeau supporté par quatre pieds rentrants, ornés de ses fontes en cuivre doré, & dont l'intérieur, en très-beau bois de poirier, comporte un grand nombre de petites resserres secrettes. Longueur 5 pieds largeur 30 pouces.

251 Un autre bureau de forme très-ancienne en marqueterie de cuivre découpé sur fonds d'ébène, seconde partie, avec le serre papier à son usage. Longueur 5 pieds 6 pou. profondeur 32 pouces.

Meubles d'Acajou.

252 Deux tables en consoles de forme circulaire applatie & de quatre pieds & demi de large sur dix-huit de profondeur, avec tablettes à demie hauteur, ornées d'une petite gallerie en cuivre doré, & leurs dessus de marbre blanc veiné.

253 Deux autres consoles pareilles.

254 Une autre petite table en bureau, dont le devant s'étend, avec serrure Angloise à secret, & dont le dessus se remonte au moyen d'une mecanique.

Pendules.

255 Une ſuperbe Pendule, auſſi précieuſe pour les diverſes combinaiſons ſavantes d'horlogerie qu'elle préſente, que par ſa forme, & ſes ornemens extérieurs qui ſe trouvent compoſés dans le genre des plus belles marqueteries de *Boulle*, & pour faire du tout un meuble magnifique & parfaitement analogue à la grande curioſité des galleries ou cabinets de tableaux;

Le mouvement de cette Pendule compoſée par *F. Berthoud*, offre dans le principal cadran les aiguilles d'heure & demi heure, aiguilles de ſeconde & d'équation, avec deux autres aiguilles indiquant les heures du lever & du coucher du ſoleil; la ſonnerie frappe les heures, demi-heure, quarts & doubles quarts; le tout avec répétition. Au-deſſous eſt un autre cadran demi circulaire indiquant les phaſes de la lune, les heures de ſon lever & de ſon coucher, & les quantiemes du mois: au centre de ce même cadran eſt placé un autre petit cadran qui marque les jours de la ſemaine. Enfin une lunette de forme ovale, placée dans le haut de la gaine, découvre un autre petit cadran gradué pour les variations du tems, & ſervant de baromêtre, & ſon pendule combiné pour les compenſations, porte auſſi une aiguille indicative des degrés de chaud & de froid;

La boîte de cette Pendule eſt en forme de portique dont le haut s'élargit en arrondiſſement ſuivant le contour du principal cadran; elle eſt ornée de riches moulures sur le devant, & surmontée d'un vase enrichi de guirlandes, le tout en cuivre doré d'or moulu; cette boëte est placée sur une gaine à jour, ornée de baguettes lisses à feuilles d'acante & filets de perles renfoncés, avec entrelas & corniches à canelures & feuilles d'acante dans la partie supérieure, & riche moulure à jour par le bas, qui se trouve portée sur un socle quarré orné de baguettes en losanges avec rosettes & fleurons, & double socle, le tout aussi en cuivre doré d'or moulu, & sur des fonds de bois d'ébène. Haut. totale 9 pieds.

256 Une très-belle Pendule, mouvement de *le Pautre*, à Paris, dans sa boëte, de forme de tambour suporté par un piédestal carré, à canneiure & accompagné d'une belle figure de femme bien drappée, caractérisant l'astronomie; du côté opposé est un génie sous la figure d'un enfant, formant accessoir avec des livres & divers ustensils relatifs à cette science, le tout est placé sur une riche terrasse aussi en cuivre doré d'or moulu. Cette pièce achevée avec soin dans dans toutes ses parties porte 28 po. de hauteur.

257 Une Pendule, mouvement de *Moissy*, à Paris, renfermée dans sa boëte, figurant un fort vase richement décore de musles de lions, drapperies & anneaux, le tout parfaitemant ciselé & doré d'or moulu, est porté sur un socle à moulures avec guirlandes de fruits, de reliefs pareillement doré.

258 Une autre bonne Pendule, mouvement de *J. B. Baillon*, à Paris, dans sa boëte à rinseau, d'orne-

ment & berceau de feuillages, d'ancien genre, avec trois petits enfans caractérisant la musique. Cette pièce marquante est terminée par un riche pied analogue, renfermant un carillon qui repète différens airs avec précision. Haut. 28 po.

259 Une pendule de bon genre, sonnant les heures & les demies, dans sa boete, forme de baril en porcelaine, céladon clair, divisé de trois cercles en cuivre doré. Cette pièce, très-achevée, est portée sur une espèce de trepied, & accompagnée de deux lions, chimères, aussi en porcelaine, céladon accidentés de tons brunâtres; le tout est placé sur un socle à panneaux de porcelaine, avec encadrement de cuivre. Le haut de cette pendule est terminé d'une petite Pagode d'ancien truites fini, nommé *Hotteux*.

260 Une bonne pendule sonnant les heures & les demies & marquant les cantièmes & jours de la semaine, mouvement de *Sotiau*, à Paris. Cette pièce soignée est renfermée dans sa boëte carrée long uni, avec simple chapiteau, moulures en cuivre doré d'or moulu. Haut. 14 pouc.

Meubles & Ouvrages de Laque.

261 Deux bas d'armoire à panneaux de laque, ouvrant à deux venteaux chacun, & élevé de six pouces sur

leurs pieds en gaines tournées, compris leurs sabots à feuilles de lauriers & gaines; les quatre portes de ces meubles de bon goût sont composées de morceaux de vieux laque de belle qualité, fond noir, dessins de sigogne, d'espèces différentes, en or & de relief, dans des feuillages semées de perles en argent incrusté; les panneaux en retour aussi de bonne espèce a dessins de chimères, le tout orné de moulures avec entablement de feuilles d'acante en cuivre doré dor moulu & dessus de marbre griote d'Italie. Haut. totale 36 p., profondeur 19 p., larg. 45,

262 Un grand paravent de six feuilles en laque de Chine à châteaux, terrasses, figures & animaux tracés en or sur fond noir d'un côté & sur fond rouge de l'autre, garni de charmières & petites équières en cuivre doré. Hauteur 7 pieds, largeur des feuilles 27 pouces.

263 Un autre paravent de six feuilles de même laque, fond noir sur les deux côtés, aussi monté à charmière comme le précédent. Haut. 6 pieds.

264 Un autre pareil, fond noir sur les deux côtés. Haut. 6 pieds.

265 Un autre paravent de même laque, aussi de six feuilles, fond rouge sur les deux côtés. Hauteur 6 pieds.

266 Un autre pareil, fond rouge sur les deux côtés. Haut. 6 piuds.

267 Un autre grand paravent de huit feuilles de laque à panneaux & ſujets encadrés, fond noir ſur les deux côtés, monté à charnières & équerres en cuivre doré. Haut. 7 pieds, largeur des feuilles 22 pouces.

268 Un autre pareil au précédent. Haut. 7 pieds.

269 Plusieurs lots de grandes feuilles de laque, tant fond rouge que fond noir, & de diverſes meſures, non montées & deſtinées à former des paravent.

Ils ſeront, lors de la vente, aſſortis convenablement & vendus par ſix ou huit feuilles, ſuivant les deſſins.

270 Sept autres petites feuilles de laque, fond rouge, & de même genre, taillées pour former les panneaux d'une chaiſe à porteur.

271 Deux jolis vaſes, forme d'urne, en laque, fond noir & deſſin demi-relief, tracé en or. Ils ſont légèrement montés en caſſolettes, & garnis de gorges, anſes de ſerpens enlacés, dont les queues ſervent de pieds, qui ſont portés ſur un plateau de même laque, porté par des griffes de lion.

272 Une boëte ronde à fond veiné de différens or, avec arbuſtes ſemés de grains d'or, & trois roſaces placées irrégulièrement deſſus. Ce morceau précieux, de la plus belle qualité d'ancien laque du Japon, eſt rouge à l'intérieur. Haut. 3 pouces, diamètre 4 pouc. 3 lignes.

273 Une autre boëte de même forme, de fond aventurine, enrichie de sept rosaces, à oiseaux & caractères Chinois en laque du Japon de la plus belle qualité Haut. 2 pouces 6 lignes, diamètre 4 pouces 3 lignes.

Ce morceau & le précédent proviennent de la Collection du Prince *Charles* à Bruxelles.

274 Une autre petite boëte de même genre, & à reliefs de fabriques, coupée à six pans, avec petit plateau à l'intérieur.

275 Un petit crachoir de même genre.

Candelabres, Girandoles, Feux & Bras dorés.

276 Deux candelabres de bon style & d'une bonne exécution dans leur ensemble; ils sont composés de vases en bronze de couleur antique, sur le haut desquels sont assises des figures de femmes qui se terminent en queues de poissons, & soutiennent dans leurs mains des guirlandes de fruits; un large bandeau à entrelas de rosettes partage le corps du vase d'avec le collet, qui se termine en forme de cloche, d'où sort un brandon enflammé, ajousté de cinq branches à enroulemens & feuillages pour recevoir des lumières. Le tout est porté sur plinthe carrée, uni & fond sablé. Haut. totale 54 pouces.

277 Deux autres pareils candelabres.

278 Deux autres pareils, *idem.*

279 Un autre pareil candelabre, qui sera vendu seul, & qui étoit à usage de milieu.

280 Deux autres candelabres pareils, mais plus petits, portant 48 pouces de hauteur totale, & dont les figures se trouvent en regard, les bras élevés soutenant la tige de la torchère.

281 Une riche devanture de feu, formant une balustrade, terminée par deux socles carrés sur les côtés, portant des sphinx aîlés. Ce morceau est d'une proportion bien entendue & d'un travail parfait pour la ciselure, mais il est resté sans dorure, & sera vendu tel qu'il se trouve Longueur totale 5 pieds.

282 Un beau feu doré d'or moulu, composé chacun d'un lion, porté sur terrasse à enroulement, d'ornement & branchage de roseaux.

283 Un autre grand feu de salon, composé d'un fut de colonne cannelée, surmonté d'une forte console, placée horisontalement & ornée d'une guirlande de feuilles de laurier, le tout en cuivre ciselé, doré d'or moulu.

284 Deux anciennes girandoles, composées de deux enfans de proportion, petite nature, en bronze de couleur

couleur, assis sur des enroulemens, & portant chacun une tige de lys à trois branches, le tout en cuivre ciselé & doré.

285 Une jolie paire de bras de cheminée à trois branches, composée de rinseaux légers de genre arabesque, avec chainettes de perles détachées dans le haut, parfaitement ciselé & doré.

286 Une autre paire pareille.

287 Une autre paire pareille.

PORCELAINES

Ancienne première sorte coloriée du Japon.

288 Deux beaux Magots accroupis & à grosse pance, dans des caractères rians; ils sont ajustés de bonnets de feuillage en cuivre & boucles d'oreilles. Ces morceaux, de caractère, sont placés sur des socles carrés de même porcelaine, avec encadrement de feuillage formant les pieds.

289 Deux urnes à huit pans, fond blanc, à tiges de bouquets & oiseaux, avec dessins, de broderies & cartouches sur le haut & sur les couvercles; elles

ſont garnies de bords & pieds en conſole, avec culots en cuivre doré d'or moulu. Hauteur totale 15 pouc.

290 Deux jattes à huit pans du plus beau volume, fond blanc à deſſins coloriés, de branchages, de fleurs au-dehors & dragons dans l'intérieur. Ces morceaux, diſtingués par la pureté de leurs formes, ſont garnis de pieds à quatre conſoles en cuivre doré au mat; le tout ſur des plateaux auſſi de porcelaine, même qualité & à huit pans avec branchages & poules pintades dans l'intérieur. Diametre 9 pouces.

291 Deux Bouteilles à long gouleau & à huit pans, fond blanc, & légères tiges de fleurs. Ces morceaux bien purs de qualité & de forme ſont garnis de petits pieds à feuilles de perſil, & boutons en cuivre dorés au mat.

292 Deux Jattes à huit pans, très-précieuſes, à cartouches rouges & blancs, agréablement tracées de petits branchages. Elles ſont légèrement montées ſur des pieds de cuivre à quatre conſoles dorés au mat.

293 Deux moyens Mortiers à huit pans, à tiges de bouquets, garnis de riches pieds à quatre conſoles, avec culots à pomme-de-pin.

294 Deux autres Mortiers moins grands que les précédens & pareillement garnis.

295 Deux autres pareils, plus petits

296 Deux Tasses & leurs soucoupes à huit pans, à dessins de broderie à bouquets.

297 Deux Bouteilles à long gouleau, fond blanc, à lézards, de relief, bleu sur le haut de la panse.

298 Deux petits Magots coloriés, assis sur des barils, de même sorte & adhérens, avec pieds en cuivre, dorés au mat.

Ancien Japon de couleur.

299 Deux fortes Urnes, montées en vases, & parfaitement assorties d'espèces & de qualite; le haut & le bas sont de couleur bleu & blanc, liserés de brun sur les bords, & les pourtours sont de fond blanc portant arbrisseaux dorés, avec oiseaux singuliers, à plumage de couleur, elles sont garnies de forts piédouches à feuilles d'accante avec culots, & de collets a cannelures avec anses carrées, de bonne forme, terminées par des masques de faunes, le tout en cuivre très-bien ciselé & parfaitement doré d'or moulu. Haut. totale 30 pouces.

300 Deux très-beaux Vases, forme de cornets, nommés lisbets. Ces deux pièces très-riches par la distribution des dessins & le brillant des diverses couleurs sont garnies de bords & pieds à griffes de lions en cuivre doré d'or moulu.

301 Deux Cassolettes de belle porcelaine à dessins, fond bleu, imitant le truité avec petits cartouches en rouge, sujets de pagodes. Ces deux morceaux sont garnis de gorges à jour, têtes de béliers & pieds à trois consoles, avec culots & plinthes de forme triangulaire.

302 Une autre Cassolette, même forme que la précédente, garnie d'une gorge à jour & ajustée de petits chaînons plats en guirlandes & anneaux avec pieds de biche & plinthes aussi de forme triangulaire.

303 Un très-beau Canard en porcelaine du Japon, d'espèce rare, & parfaitement conservé; il est agréablement nuancé & placé sur un plateau à fond de glace & pieds de laque à consoles, fond noir & or, enrichi de balustres à jour, guirlandes, draperies, glands, moulures, & fils de perles, en bronze doré. Haut. 14 pouces. N° 717 de la vente de M. *Lebrun*. Avril 1791.

304 Deux belles poules richement coloriées, avec terrasses adhérentes, & becquetant du grain. Ces deux morceaux, d'un bon choix dans ce genre, sont sur

des plateaux contournés à deſſins de moſaïque & cartouche dans l'intérieur.

305 Deux beaux canards dans l'attitude de nager ; ils ſont placés chacun ſur des ſocles à pans ſoutenus ſur huit boules en cuivre doré.

Ancien & nouveau Céladon de la Chine.

306 Deux grands vaſes d'ancienne porcelaine céladon, montés en buyres, avec pieds, anſes & bords en cuivre doré, les anſes ſurmontées de deux dragons aîlés.

307 Deux lions chimères de la plus biſarre eſpèce, montés ſur des terraſſes de forme ronde, en cuivre doré d'or moulu, avec pieds à avant-corps.

308 Deux beaux morceaux forme de limaçon, montés en pots pourris ; ils ſont garnis de gorge à jour, boutons, pieds en cuivre doré.

309 Deux petits vaſes de nouveau céladon, de ton clair, ajuſtés de bords, pieds & petites chaînes en cuivre dorées au mat. Haut. 9 p. 6 lig.

Ancien Bleu céleste.

310 Deux belles cassolettes, forme de gondoles, avec couvercles surmontés d'une coquille servant de bouton. Ces beaux morceaux sont placés sur des riches pieds triangulaires & ajustés de deux moyens lions chimères, qui soutiennent des guirlandes de chêne. L'ancienneté de ces pièces, leur grand volume & la perfection de la couleur bleu céleste, les font distinguer dans ce genre brillant de curiosité.

311 Deux moyens lions chimères de belle qualité de bleu céleste, portant chacun deux branches de cuivre doré d'or moulu, formant girandoles; ils sont garnis de légers pieds à feuilles de persil & perles bien cizelées.

312 Deux belles bouteilles à longs gouleaux & grosse pance, parfaitement ronde, en porcelaine bleu céleste à dessins gauffré, garnies de pieds, boutons & petites chaînes en cuivre doré.

313 Deux moyens perroquets de même porcelaine, garni de pieds en cuivre.

314 Deux branchages nommés palmiers, accompagnés de paons, sur terrasse de même porcelaine, avec pieds dorés.

315 Deux très-petits liens chimères, sur leurs pieds, aussi de cuivre doré.

Ancien Truitté fin & autres.

316 Deux vases de porcelaine, truittés de ton gris-clair à mascarons brun de relief, & anneaux pris dans la pièce, ils sont montés en forme de buyres, avec colet, anses à dragons, & pieds en cuivre, dorés d'or moulu; ancien modèle sur les dessins de *Messonier*. Hauteur 20 pouces.

317 Un morceau de forme ronde, découpé à jour en entrelas de rosettes, avec couvercle de même genre. Ce vase curieux est garni d'une gorge à jour de genre arabesque, avec pied à quatre guaines, le tout doré au mat & de bon gout. Hauteur, compris une plinthe en marbre jaune de sienne, 9 p. 6 lig.

318 Deux vases, formant pot-pourris, de ton jaunâtre & travaillés pour imiter les ouvrages en jonc de la Chine; ils sont de forme à grosses panses, avec anses prises dans la pièce, & couverts d'une partie de même porcelaine, forme de cloche; le tout est garni, avec soin, de collets, boutons & riches pieds à cullots & bandeaux brétés, terminés en griffes de lions. Hauteur 10 pouces.

319 Deux jolis magots, d'ancien truitté fin, ils sont couchés sur des matelas de cuivre doré servant de pieds, & ajustés, l'un d'un petit coffret, l'autre d'une corbeille, façon d'osier, en porcelaine de même qualité.

320 Deux autres petits magots, de même sorte, nommés *Hotteux*, placés sur des coussins de cuivre doré formant les pieds.

321 Un pot-pourri formé de deux tasses, fond de couleur caffé au lait, à dessins de branchages verdâtres & garnis de gorge, anneaux, pieds & boutons en cuivre doré.

322 Un flambeau, aussi de porcelaine truittés, figurant une tige de bambou, garni d'un pied doré à avant corps.

323 Deux vases, à bouquets, figurant un sep de vigne avec fruit & feuillage, ils sont de ton grisâtre & montés sur des pieds de cuivre pour servir de morceaux d'ornemens.

Anciens & nouveaux, la Chine, &c.

324 Deux forts Vases de belle forme allongée & à grosses panses, terminées de colet en voussure peu

ſenſible, ils ſont ornés ſur le corps d'une bande à panneau renfoncé à entrelas & moulures avec bord, anſes & maſcarons. Ces morceaux brillants & de bon goût ſont encore enrichis de piédouches à larges feuilles d'accante, avec tors de laurier, culots & plinthes quarré uni. Haut. 21 pouces.

325 Un morceau ſingulier & curieux dans la claſſe des anciennes porcelaines; il eſt composé d'un tronçon de bambou, ſur lequel eſt grouppé un chat tigre accompagné d'un oiſeau perché ſur un petit rocher. Hauteur, compris un léger pied de cuivre, 8 pouces.

326 Deux petits Magots, ajuſtés de branchages, placés ſur terraſſe, de cuivre doré au mat.

327 Deux petits Pots-pourris à anſes de panier, fond bleu turc, avec cartouches renfoncés; ſujets de poules & coqs de relief.

328 Deux grandes & très-belles pagodes, figures de femmes à têtes mouvantes, portant chacune un plateau garni de différens fruits. Ces deux morceaux, recommandables par leur volume extraordinaire & la richeſſe des couleurs dans les habillemens, ſont placés ſur des pieds de bois d'Acajou, artiſtement découpés à jour & garnis d'encadrement de moulure en cuivre doré. Haut. totale, 5 pieds 6 pouces.

329 Deux fortes bouteilles à grosses panses, en *terre de Perse*, fond bleu lapis à dessins de châteaux & branchages tracés en blanc; elles sont richement montées en vases, avec anses, collets, boutons, masques de faunes & pieds à tors de lauriers; le tout bien cizelé & doré d'or moulu.

330 Deux forts vases de forme mie-platte, à cartouches fond blanc, sujets de pagodes & châteaux, avec anses prises dans la pièce & couvercles, surmontés de lions chimères.

331 Deux jolis oiseaux de proie, de ton brunâtre, déployant leurs aîles & perchés sur de petits rochers, avec pied en cuivre doré au mat.

332 Deux magots singuliers assis sur des Carpes & ajustés de chaînons & pieds en cuivre doré.

333 Un vase fond blanc à dessins de dragons chimères, tracés en rouge & garni de pieds & collets en cuivre doré.

334 Deux petits vases verdâtres garnis de pieds & couvercles en cuivre.

Pagodes & Figures en terre des Indes, Fruits & autres petits morceaux ſinguliers de même genre.

335 Deux belles Pagodes aſſiſes, figures d'hommes & femmes à têtes mouvantes en terre des Indes.

336 Huit autres petites figures du travail le plus fin, même genre des précédentes.

337 Dix petits morceaux très-fins en terre des Indes & ſinguliers dans la variété de leur forme, les uns figurant des fruits, pouvant ſervir de [illegible], dont quatre ſont montés en pots-pourris. Cet article pourra être détaillé.

Porcelaines & Biſcuits de Sève & autres.

338 Une garniture de cheminée, compoſée de cinq pièces de porcelaine de Sève, fond bleu céleſte & à cartouches de ſujets Chinois. Cet article intéreſſant préſente pour pièce de milieu une pendule, mouvement de *Romilli* à Paris, deux vaſes avec leur couvecle découpés à jour, & deux girandoles garnies de leurs bobêches, dont une eſt entièrement caſſée.

339 Une autre garniture de cheminée, composée de sept vases de différentes formes en porcelaine de Sèves, fond blanc à dessins de rosettes en or & fleurs naturelles ; ils sont agréablement garnis de gorges, anses, pieds & boutons dorés d'or moulu.

340 Le grouppe de Pigmalion, d'après *Falconet*, en biscuit de Sève ; sous sa cage de verre.

341 Deux autres grouppes aussi en porcelaine biscuits, représentant différens sujets pastorales, placés sur de jolis pieds peints à filets dorés.

342 Deux jolis morceaux en porcelaine biscuit, sous leurs cages de verre ; l'un représente l'Amour, d'après *Falconet ;* l'autre une jeune fille tenant un arc,

343 Deux Vases de porcelaine de Saxe, garnis chacun d'un bouquet de fleurs de même porcelaine, & placés sous leurs cloches de verre ; l'un de ces vases a une anse cassée.

344 Trente-quatre pièces de porcelaines de tout genre dont quelques-unes garnies en pots-pourri, divers animaux de Saxe, comme *doguins*, *écureuils*, *&c.*

345 Une Pagode assise, deux autres debout, & deux chimères, le tout de porcelaine dite *ancien blanc.*

Figures en Yvoire, & objets divers.

346 Deux petites Figures de Mandiants, homme & femme, avec drapperies travaillées en bois des Indes; ces deux morceaux curieux dans ce genre d'ouvrage & bien conservés, sont renfermés sous des cages de verre ouvrant à charnières, & portant 12 pouces de hautr

347 Les cinq Ordres d'Achitecture, précieusement exécutés en bois de poirier, par *Challe*, petite proportion.

348 Deux petits modèles de canon, & six différentes pièces de méchaniques, grue, treuil, &c.

Instrumens de Musique.

349 Un Clavecin de *Rukers*, dans sa boëte, peinte en noir à filets dorés.

350 Un autre, dans sa boëte peinte en blanc, aussi à filets dorés.

351 Une Epinette dans sa boëte peinte en noir avec filets dorés.

352 Une bonne Vieille, dans son étui.

Tabatières précieuses.

353 Une Tabatière de forme ronde en *Laque*, montée en cage & doublée d'or ; elle est ornée sur son couvercle d'un superbe portrait en miniature peint en émail par *Petitot*, représentant une femme vue de trois quarts, coëffée en cheveux bouclés, portant deux grosses perles à ses oreilles, & un autre rang de perles à son col : on distingue une partie de son corsage qui se détache en bleu sur sa poitrine. Ce médaillon précieux & de la plus parfaite conservation est entourré de *dix-huit perles fines entières*.

354 Une autre Tabatière de forme quarré à huit pans d'ancien laque de Chine, fonds noir a sujets de coqcs, & branchages en or de relief ; elle est richement montée en cage & doublée d'or.

355 Une Tabatière de forme quarré long à huit pans en *lapis laquli* de belle qualité, montée en cage & doublée d'or, avec médaillon d'agate orientale herborisée, dessus & dessous.

356 Une autre Tabatière quarrée composée d'une belle cuvette de jaspe sanguin, & son dessus, garnie d'une riche gorge à charnière en or de couleur.

357 Une autre Tabatière ovale composée d'une cuvette & son dessus de prime de grenat, garnie comme la précédente.

358 Une autre Boëte de même forme, & de même matière, aussi garnie d'une légère gorge en or.

359 Une Tabatière quarrée composée de six belles plaques en bois pétrifié de couleur blonde, accidentée de tons roussâtres, montée en cage, avec gorge & harnière en or.

360 Une autre Tabatière de même forme, & de pareille matière garnie d'une simple gorge & charnière en or.

361 Une autre Tabatière en baignoire; composée d'une cuvette & son dessus en bois pétrifié de ton brunâtre, avec gorge & charnière en or.

362 Une autre petite Tabatière de bois pétrifié de forme ovale avec gorge & charnière en or.

363 Une Tabatière de forme carrée long à huit pans, montée en cage & doublée d'or, garnie de plaques de *Magellan*, avec diverssujets en médaillons peints en camées par *Degaux*.

364 Une Tabatière ronde en écaille, garnie d'une gorge en or, & portant sur le couvercle un médaillon, sujet dans le genre des camées, peint par *Degaux*.

365 Une autre Tabatière ronde en écaille, avec gorge en or, ornée d'un médaillon, portrait de femme, peint par *Hall*.

Microscopes Anglois.

366 Un Microscope portatif Anglois, du nom de *Dollond*, garni de toutes pièces & ustensiles en dépendans; le tout placé dans un coffre carré de bois d'Acajou, fermant à clef.

367 Un autre plus petit, auſſi dans ſon coffret de bois d'Acajou, fermant à clefs.

368 Un étui de chagrin noir, doublé de velours vert, contenant trois compas de diverſes proportions.

Bagues de pierres gravées en relief & en creux, antiques & modernes.

369 Une Bague d'un buſte de femme, vu de profil, ſur agate onix de deux couches, le fond brun & la tête blanche, avec entourage de petits brillans.

370 Une autre Bague d'un buſte de femme, de caractère grec, ſur agate onix de trois couches, le fond gris de lin foncé, le viſage couleur de chair, & les cheveux rougeâtres, auſſi avec entourrage en roſes.

371 Un Sujet de trois figures, dont deux placées ſur un lit, & la troiſième s'approchant des deux autres; Cette dernière ſe trouve fracturée au bras droits, mais l'enſemble du ſujet qui eſt gravé ſur agate de deux couleurs & du plus beau travail fait regretter ce leger dommage.

372 Une autre belle Pierre onix de deux couches & bien conſervée; elle repréſente un ſujet de Zéphire endormi ſur les eaux, & réveillé par deux Amours, dont un lui décoche une flèche; ce morceau, qui nous paroît d'un beau travail antique, offre deux nuances bien diſtinctes qui ſervent parfaitement à faire reſſortir le ſujet.

373 Une Bague d'une agate onix de trois couches, repréſentant une belle tête de femme vue de profil, le viſage d'un blanc opaque, & les cheveux bruns.

374 Une autre Tête de femme gravée ſur cornaline de trois couches; le ton de couleur a parfaitement ſervi le Graveur pour détacher de la figure les cheveux & une partie de manteau qui lui couvre l'épaule.

375 Une grande Pierre ovale en hauteur, agate onix de deux couches ſur laquelle eſt gravée en relief une belle figure drapée, vue en pied, & paroiſſant caractériſer un Conſul.

376 Un Buſte de Philoſophe, vu de profil, & la tête chauve; très-belle gravure ſur agate ſardoine, dont le fond blanc détache parfaitement la tête qui ſe trouve d'un beau brun.

377 Un très-beau maſque de Silène, gravé de face ſur agate cornaline de deux couches; la figure de ton de chaîr ſur un fond rouge. Ce morceau, très-précieux & du plus beau travail, mérite toute l'attention des connoiſſeurs.

378 Une belle tête de jeune homme, vue de profil, & qui paroît indiquer l'Apollon Arcadien. Cette figure, d'un beau travail, ſe détache en blanc clair ſur un fond bleuâtre.

379 Un petit buſte d'Empereur, vu juſqu'au-deſſous des épaules, gravé en relief ſaillant, ſur agate de deux couches peu ſenſibles.

380 Un buſte de Philoſophe, vu de profil, avec quelques cheveux & un peu de barbe, gravé ſur agate de deux couches.

381 Un autre buſte de jeune homme, auſſi profil, & gravé ſur agate de deux couches peu ſenſibles.

Pierres gravées en creux.

382 Une très-belle bague de cornaline d'ancienne roche, gravée en creux, ſujet de trois figures de Guerriers, entre leſquelles on diſtingue un taureau, & indiquant un ſacrifice militaire. Cette pierre, de grand volume, eſt d'un beau ſtyle & d'un fini précieux qui ne laiſſe rien à déſirer; vendue au Catalogue de *S. Moris*, N° 1051, 1104 liv., & au Catalogue de *Lebrun*, N° 828, 931 liv.

383 Une autre bague de Cornaline, forme carrée, repréſentant une figure de femme nue & debout, & derrière elle une colonne ſurmontée d'un vaſe.

384 Un ſujet de trois figures de femmes vues debout, & grouppées, dont deux paroiſſent tenir des branches d'olivier renverſées; gravure en creux ſur agate ſardoine rubannée.

385 Une figure de Guerrier vue en pied, tenant une pique, & ayant auprès de lui un chien, gravé en creux ſur cornaline.

386 Une autre bague cornaline, repréſentant une figure de femme aſſiſe.

387 Une autre repréſentant un Guerrier, armé d'une lance & d'un bouclier.

388 Une grande cornaline de ton clair gravée en creux, repréſentant un buſte de Philoſophe d'un beau travail moderne.

389 Un autre de même genre, repréſentant un buſte de Jupiter vu de profil.

390 Une autre bague repréſentant un petit buſte d'Empereur gravé ſur ſardoine foncée, avec carractères grecs tracés ſur le fond.

391 Une autre bague de cornaline, repréſentant un buſte d'Eſculape, vu de profil.

392 Un buſte de Guerrier coëffé d'un caſque, avec inſcription gravée au bas de la pierre.

393 Un autre buſte gravé ſur cornaline.

394 Une autre bague d'agate blanche tranſparente, gravée en creux, ſujet de deux buſtes d'Empereurs.

395 Une autre, d'un petit buſte de femme, gravé ſur jaſpe rouge.

---

396 Un morceau de corail de 2 pouces trois quarts de haut, préſentant le ſujet de la Fuite en Egypte.

397 Un lot de 34 pièces diverſes, petites pierres gravées en relief & en creux, pâtes, cornalines, lapis, &c. le tout non monté.

---

398 Un grand luſtre de ſallon à dix branches, en cryſtal de Bohême, dont la monture en cuivre doré.

399 Pluſieurs autres luſtres d'appartement de diverſes proportions, auſſi en cryſtal.

400 Divers objets de tout genre qui, faiſant partie de la curioſité & de la ſucceſſion auroient été omis, ſeront détaillés dans le cours des vacations.

FIN.

D l'Imprimerie du JOURNAL DE PARIS, rue J. J. Rouſſeau, N° 14. 1793.

www.ingramcontent.com/pod-product-compliance
Ingram Content Group UK Ltd.
Pitfield, Milton Keynes, MK11 3LW, UK
UKHW031912260826
14628UKWH00003B/1143

9 782329 599182